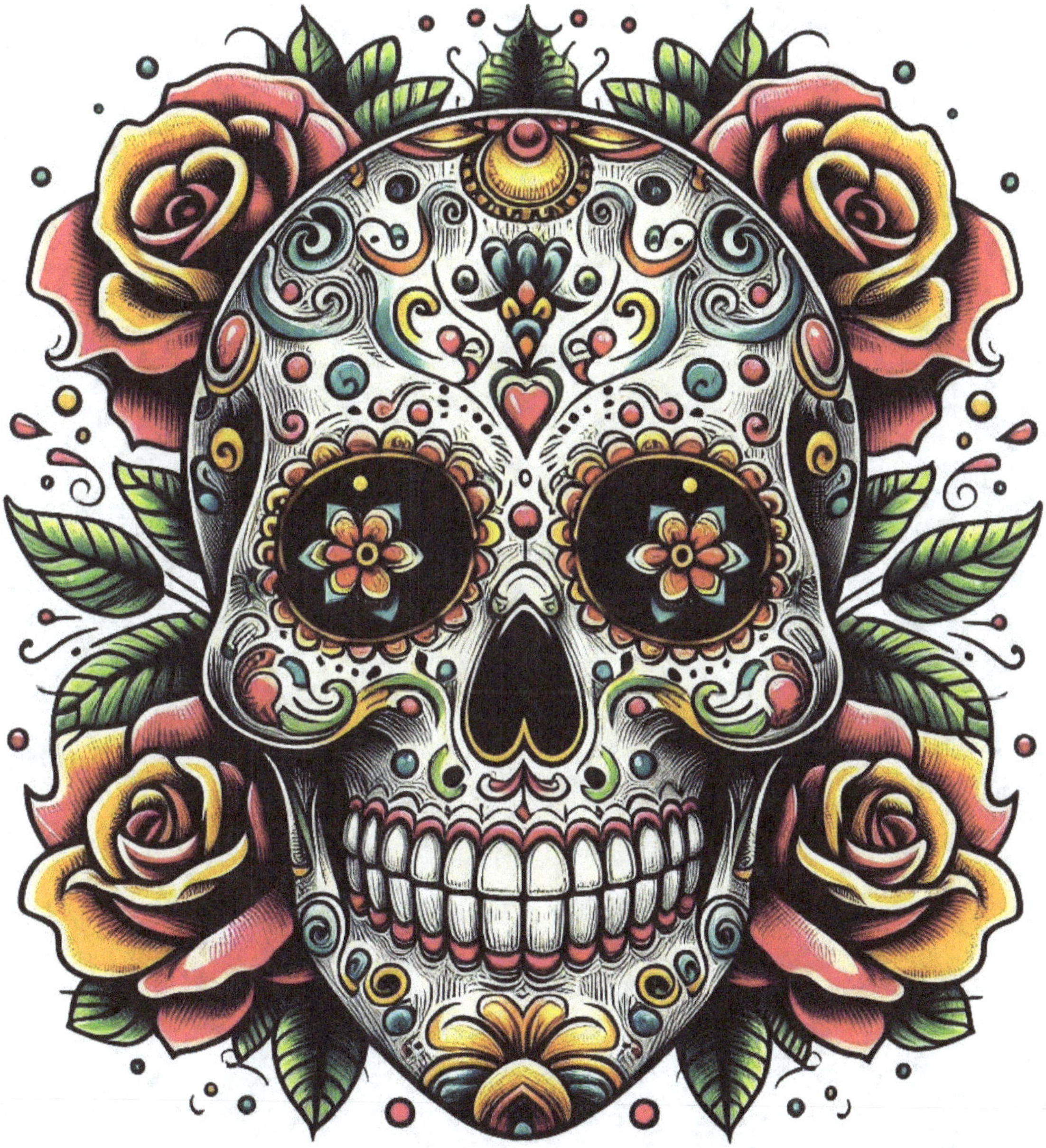

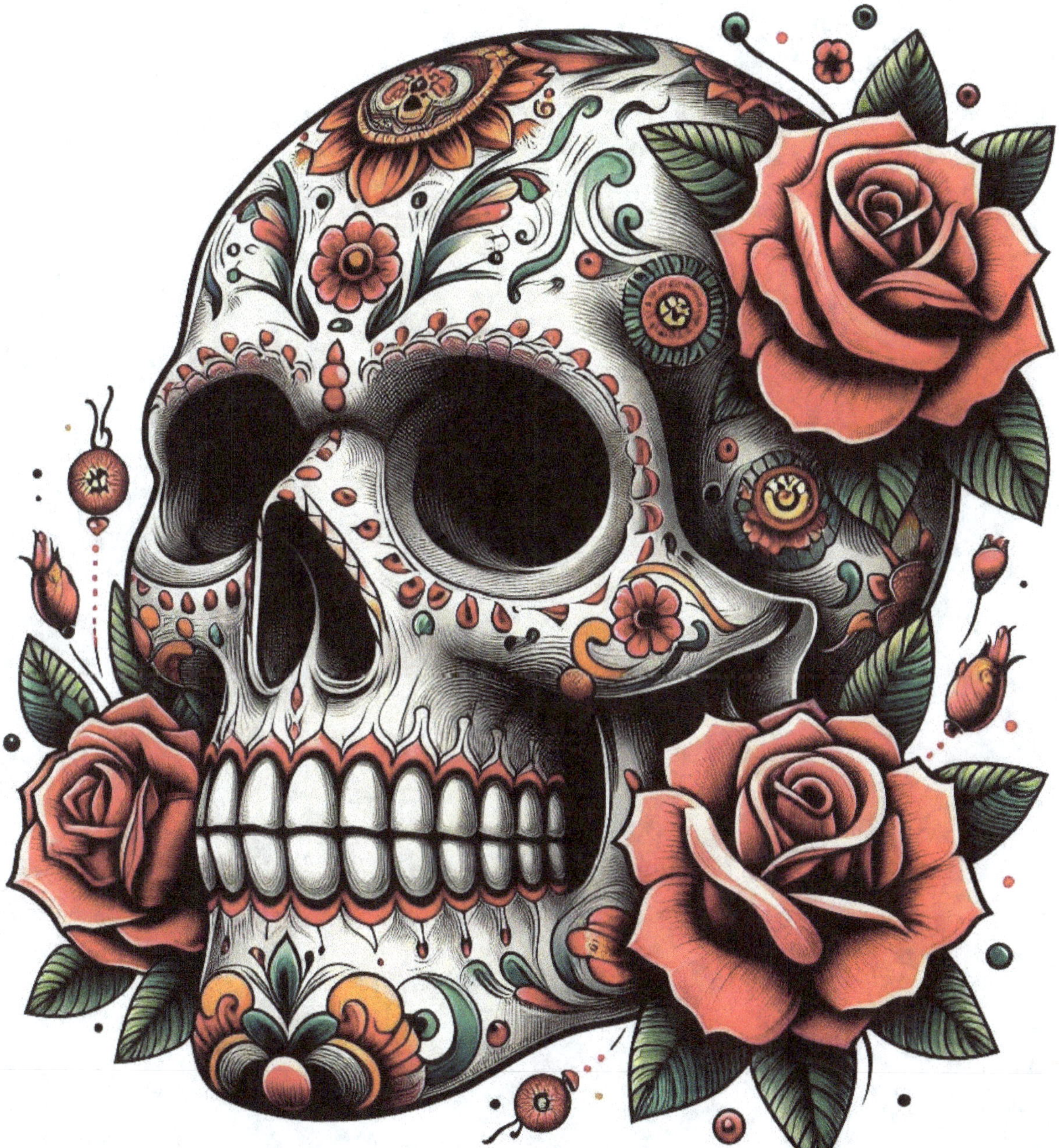

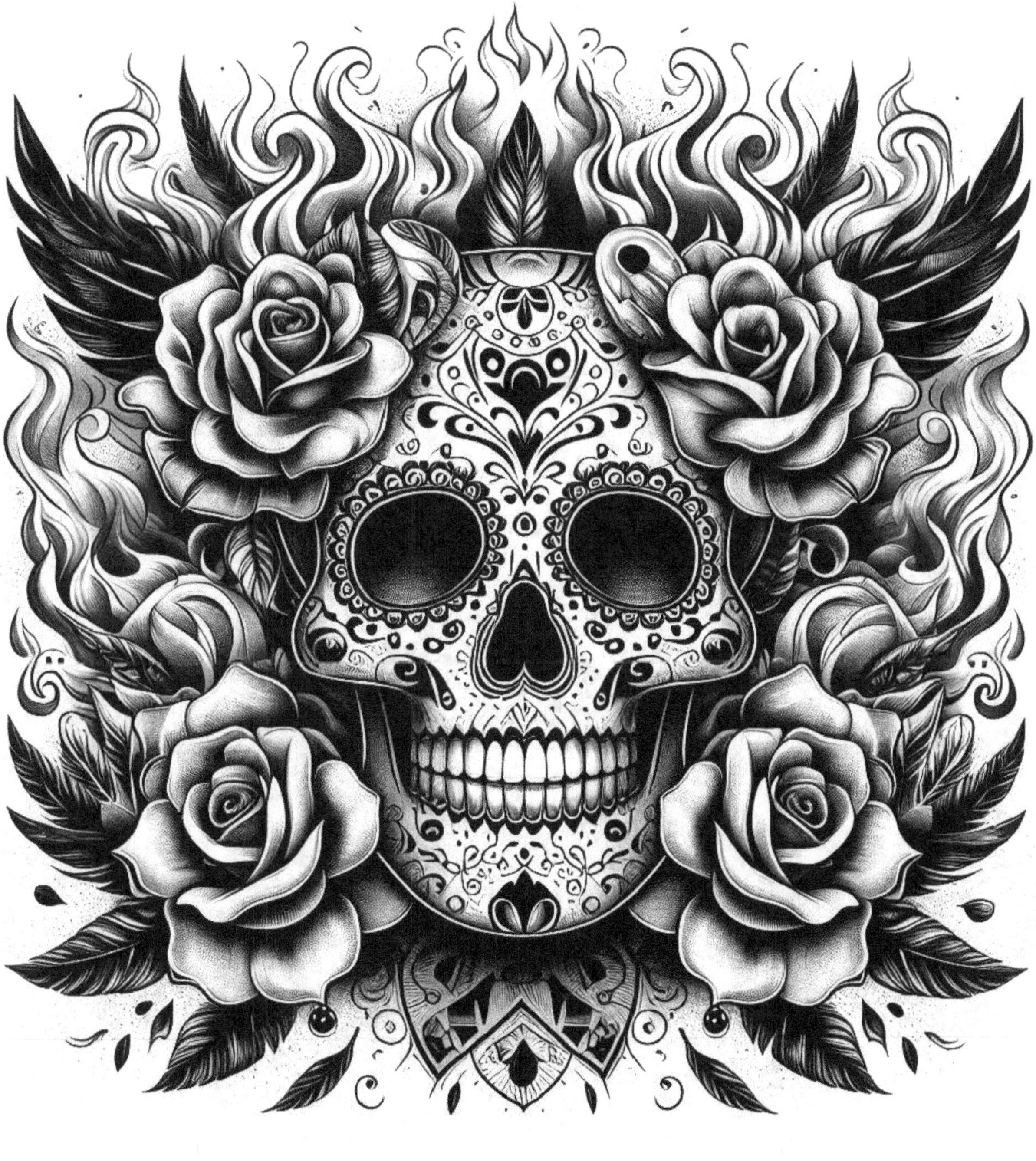

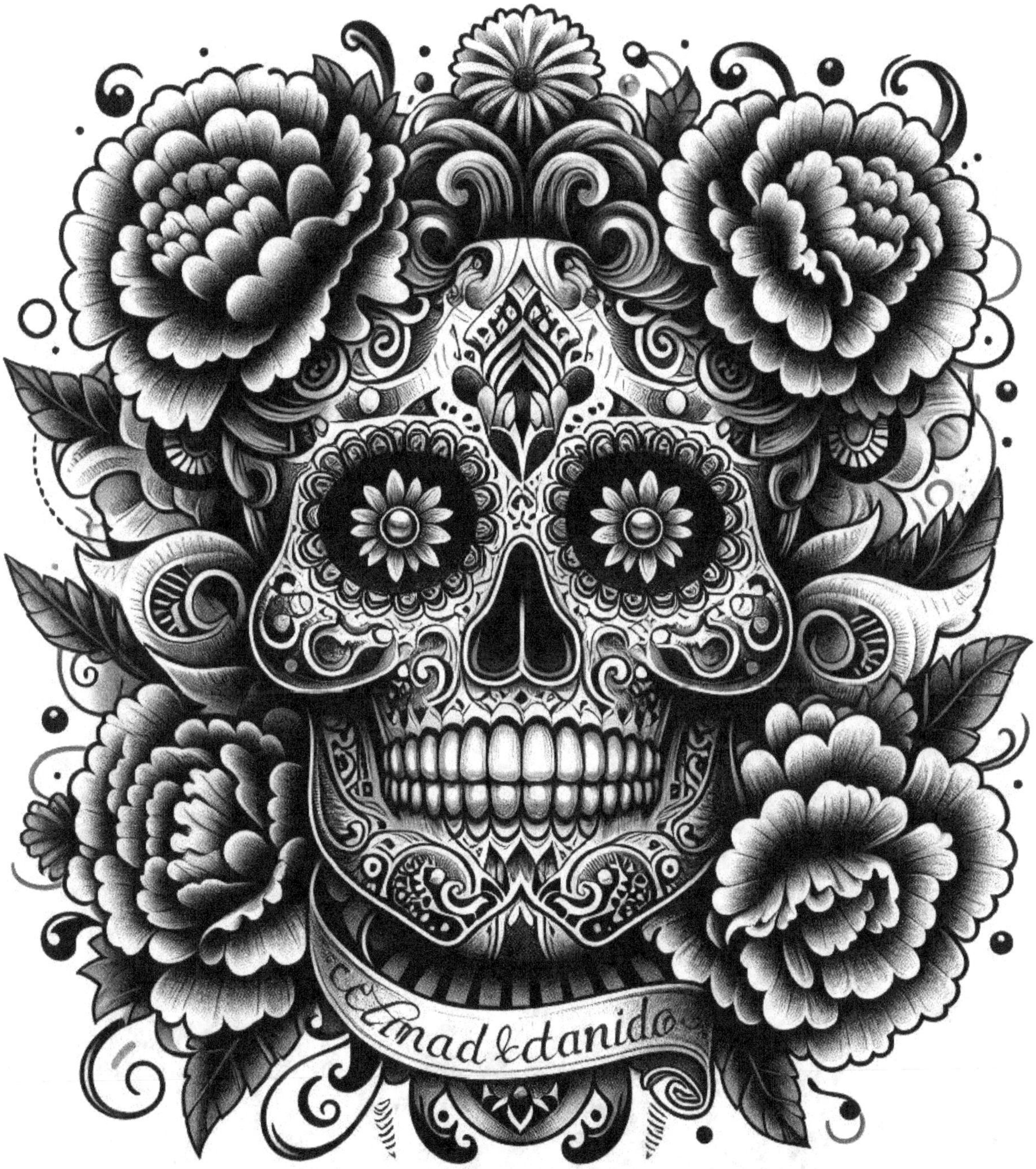

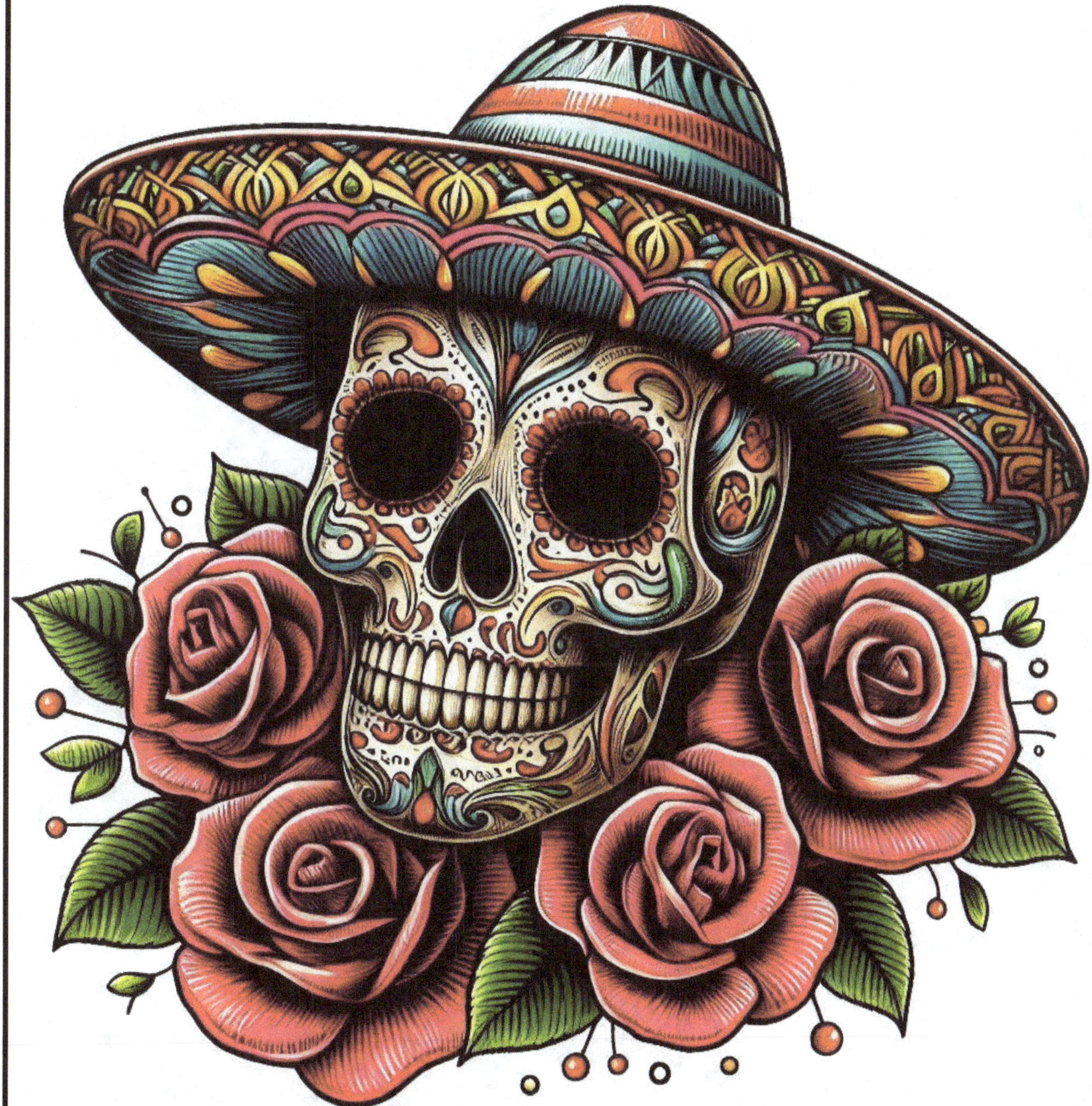

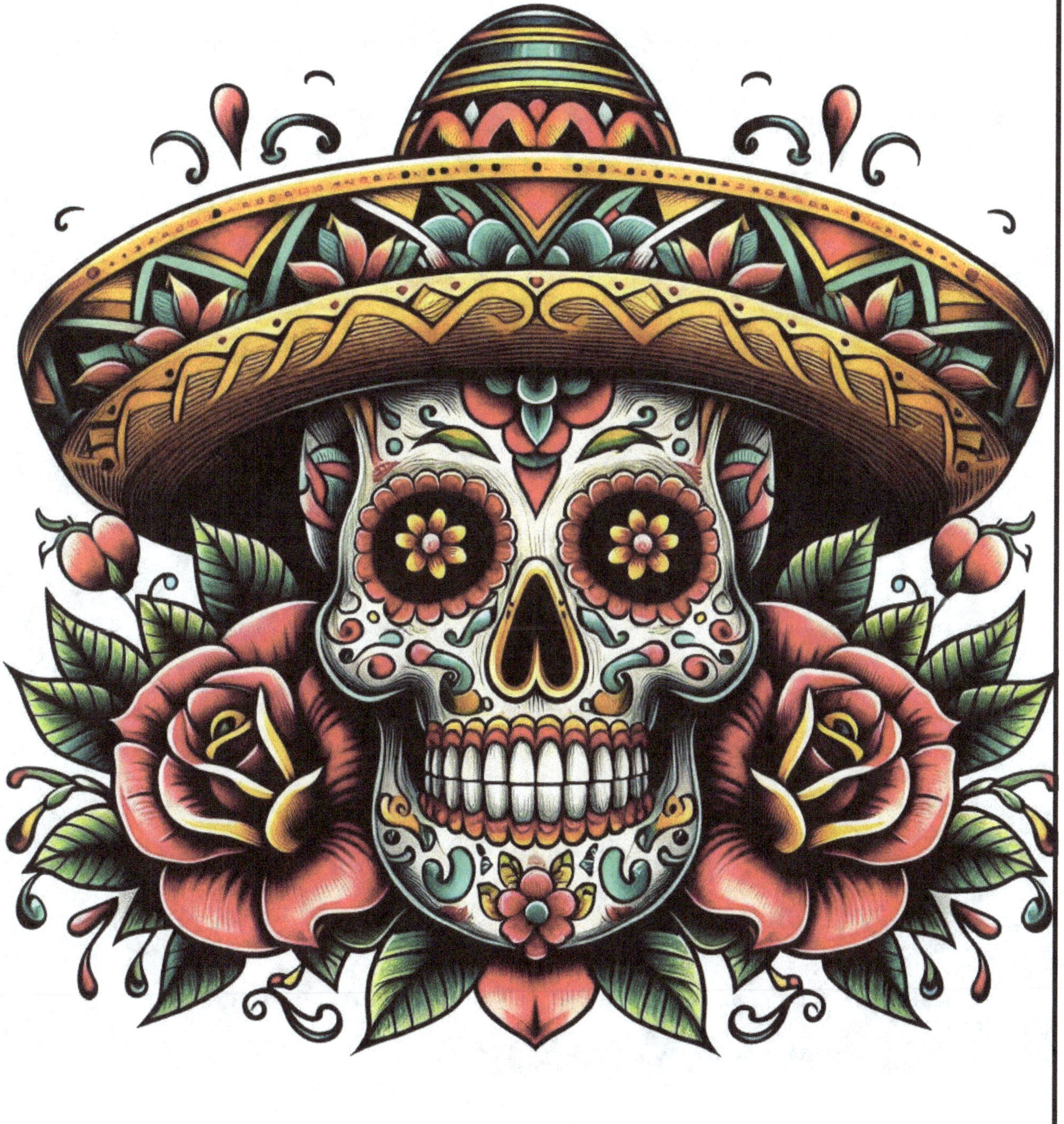

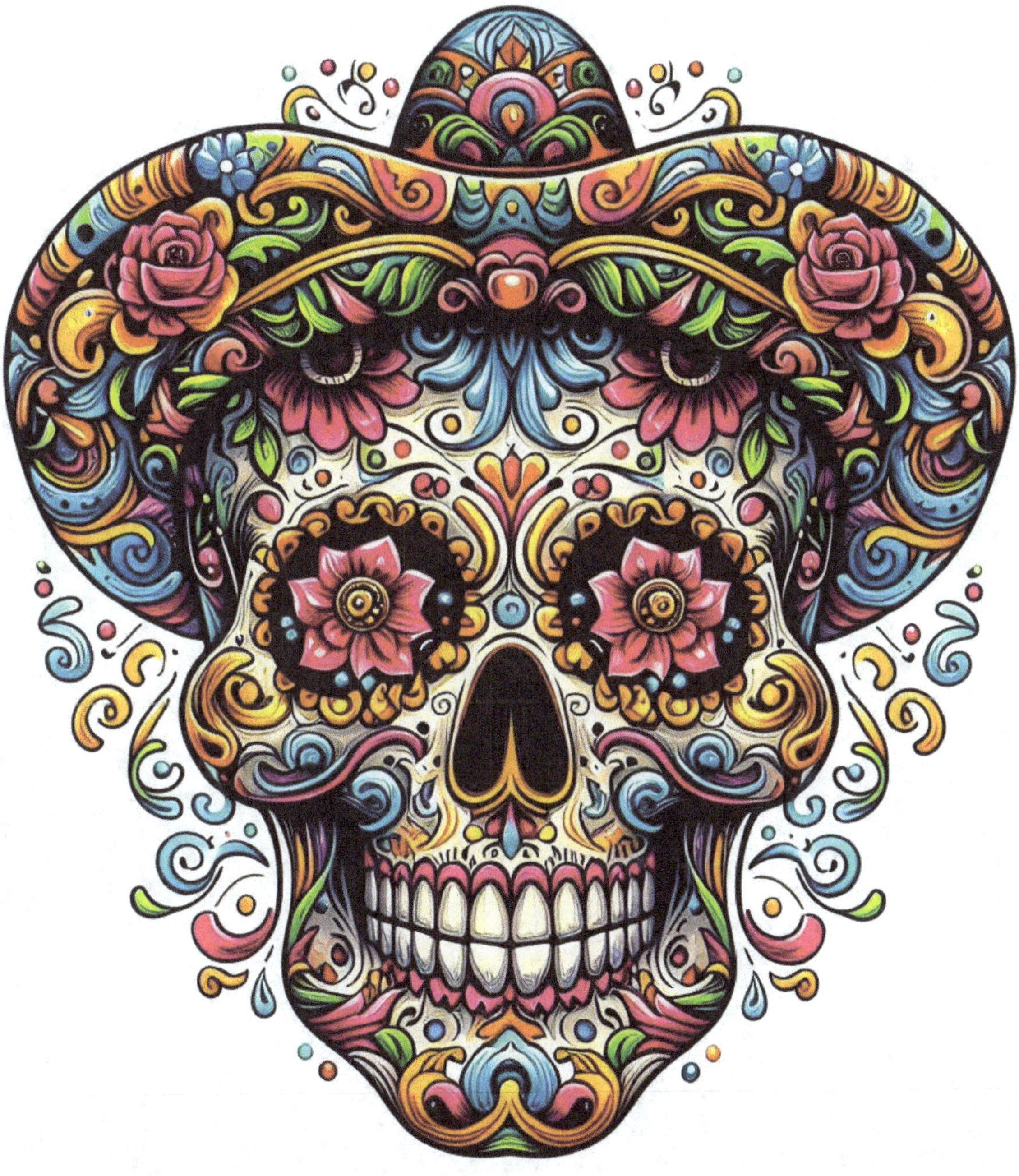

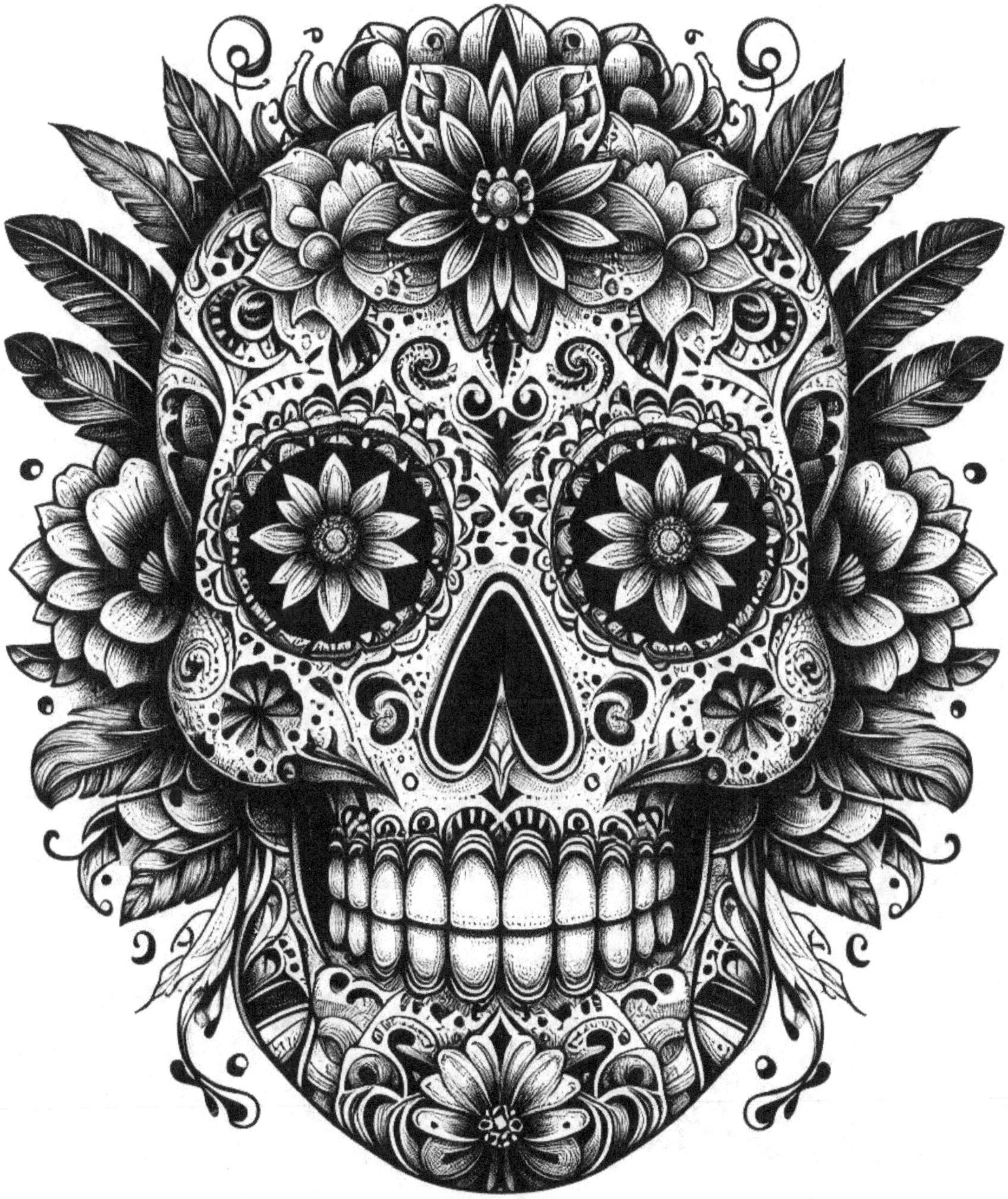

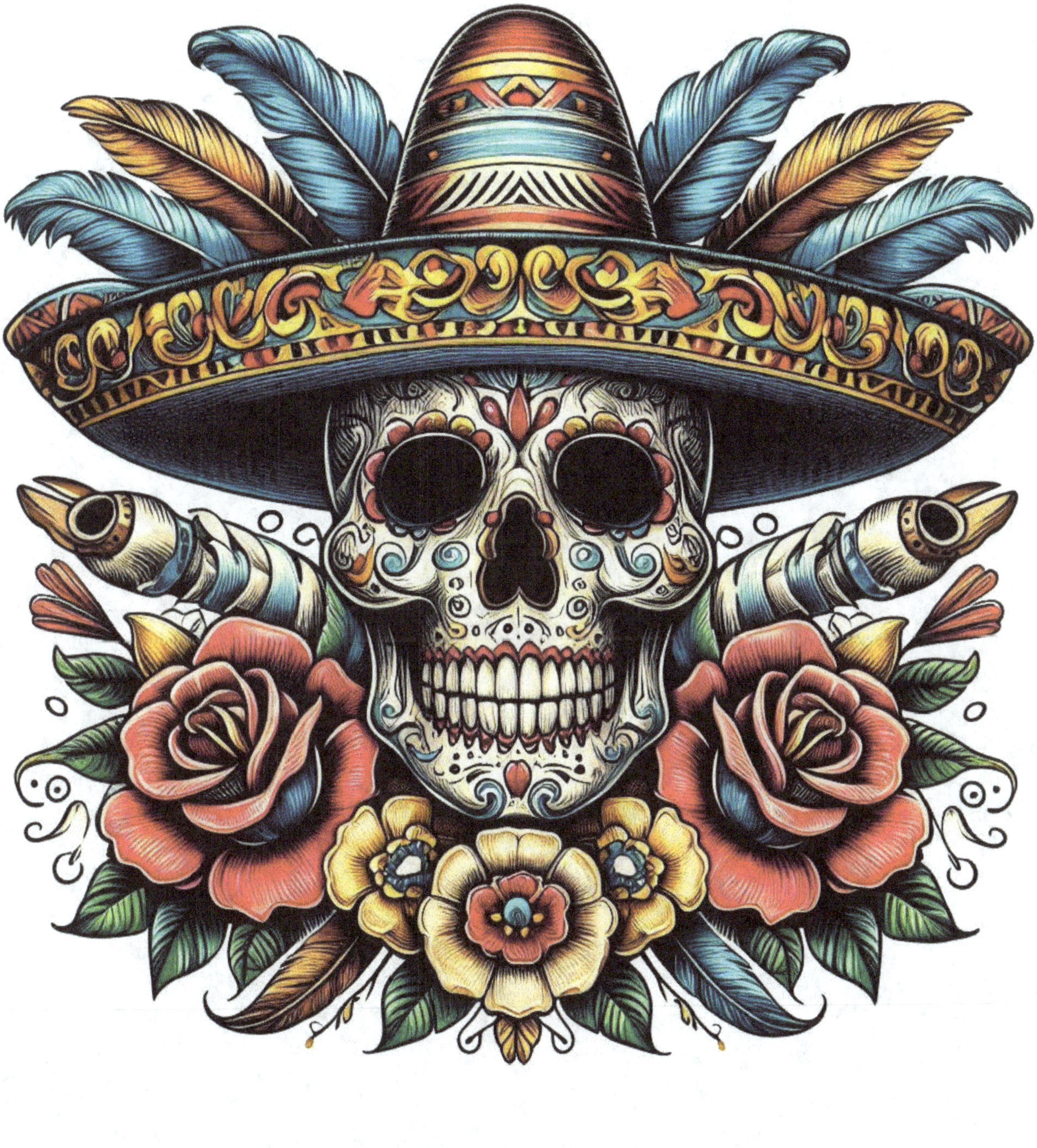

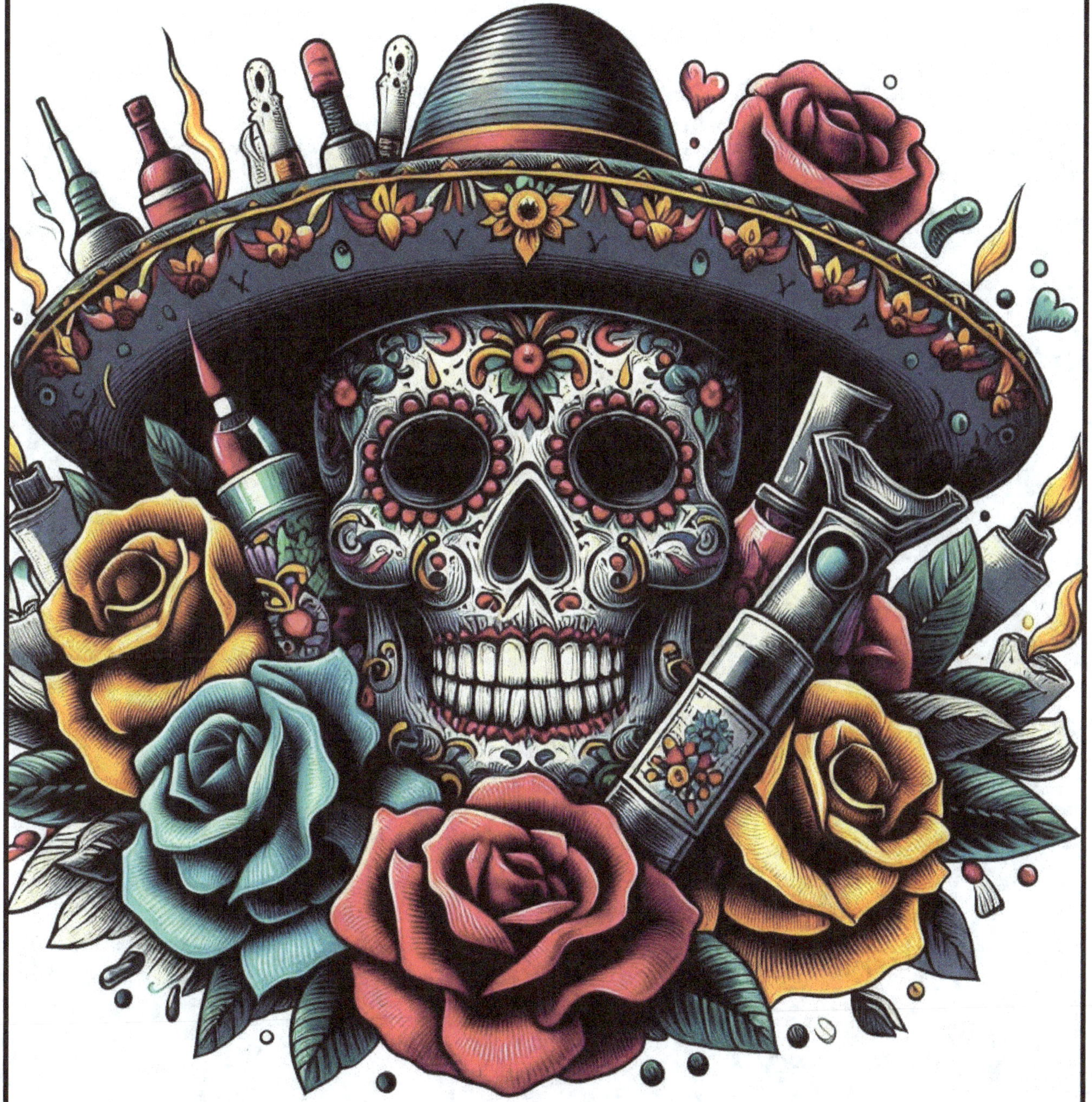

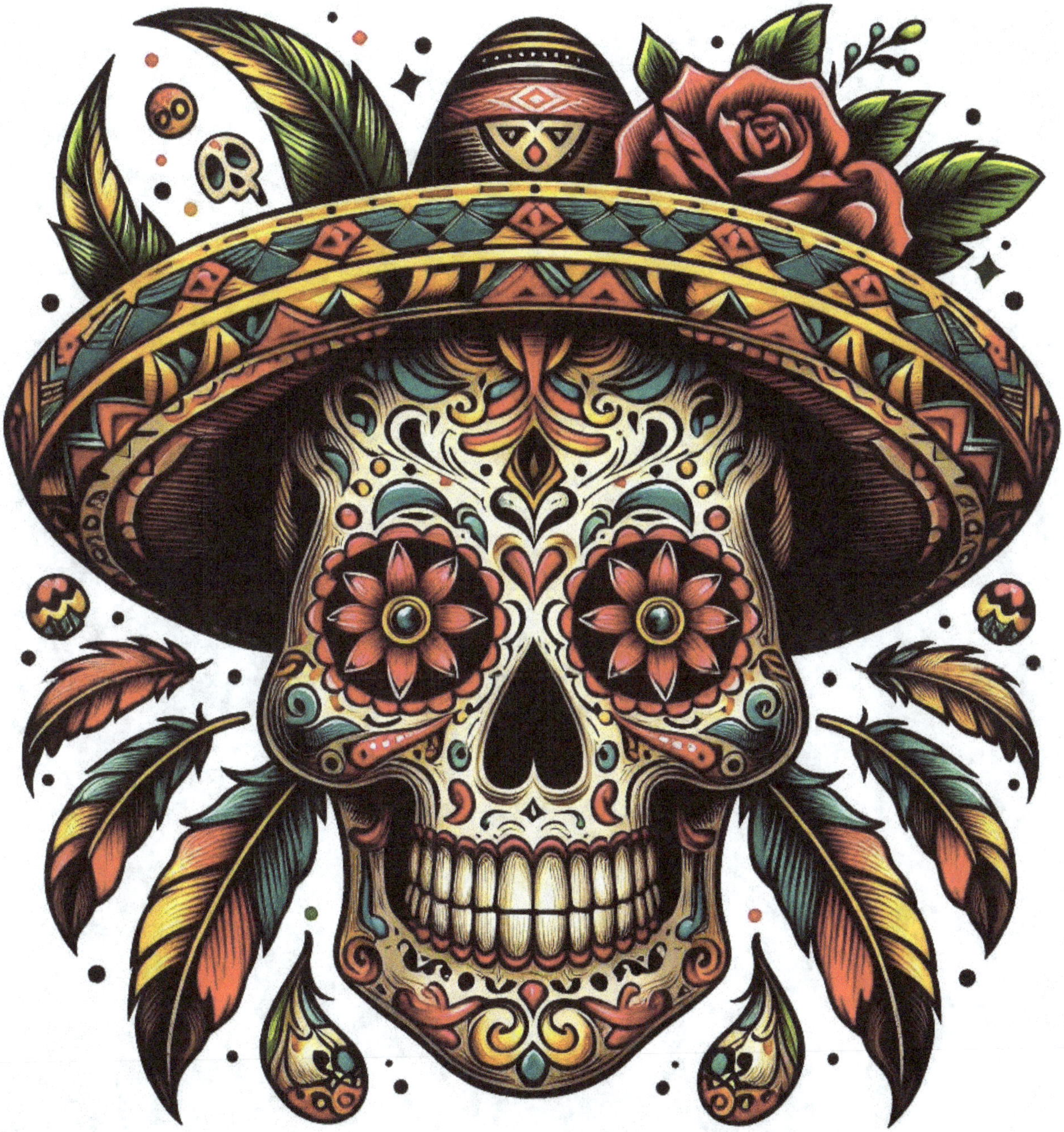

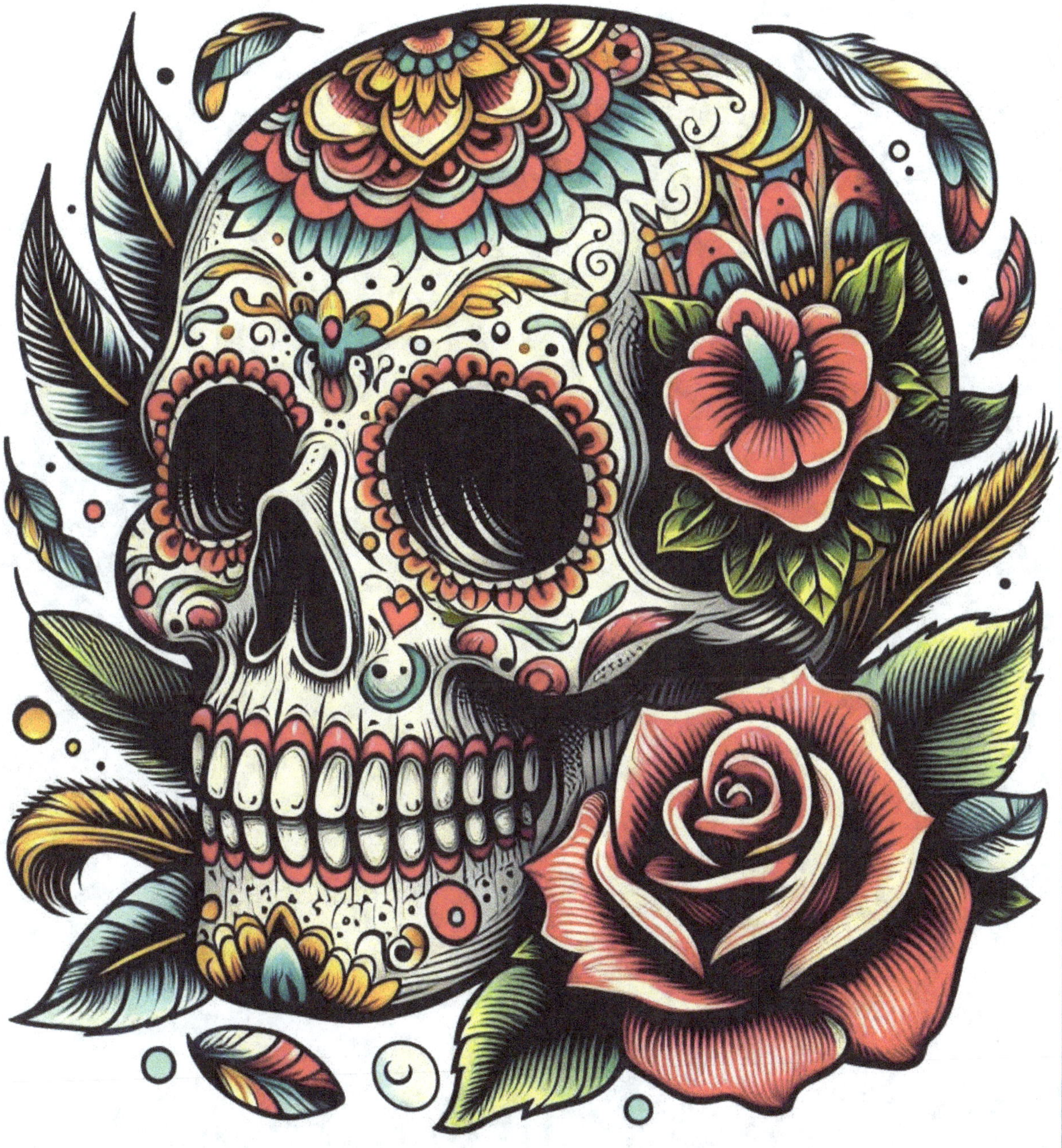

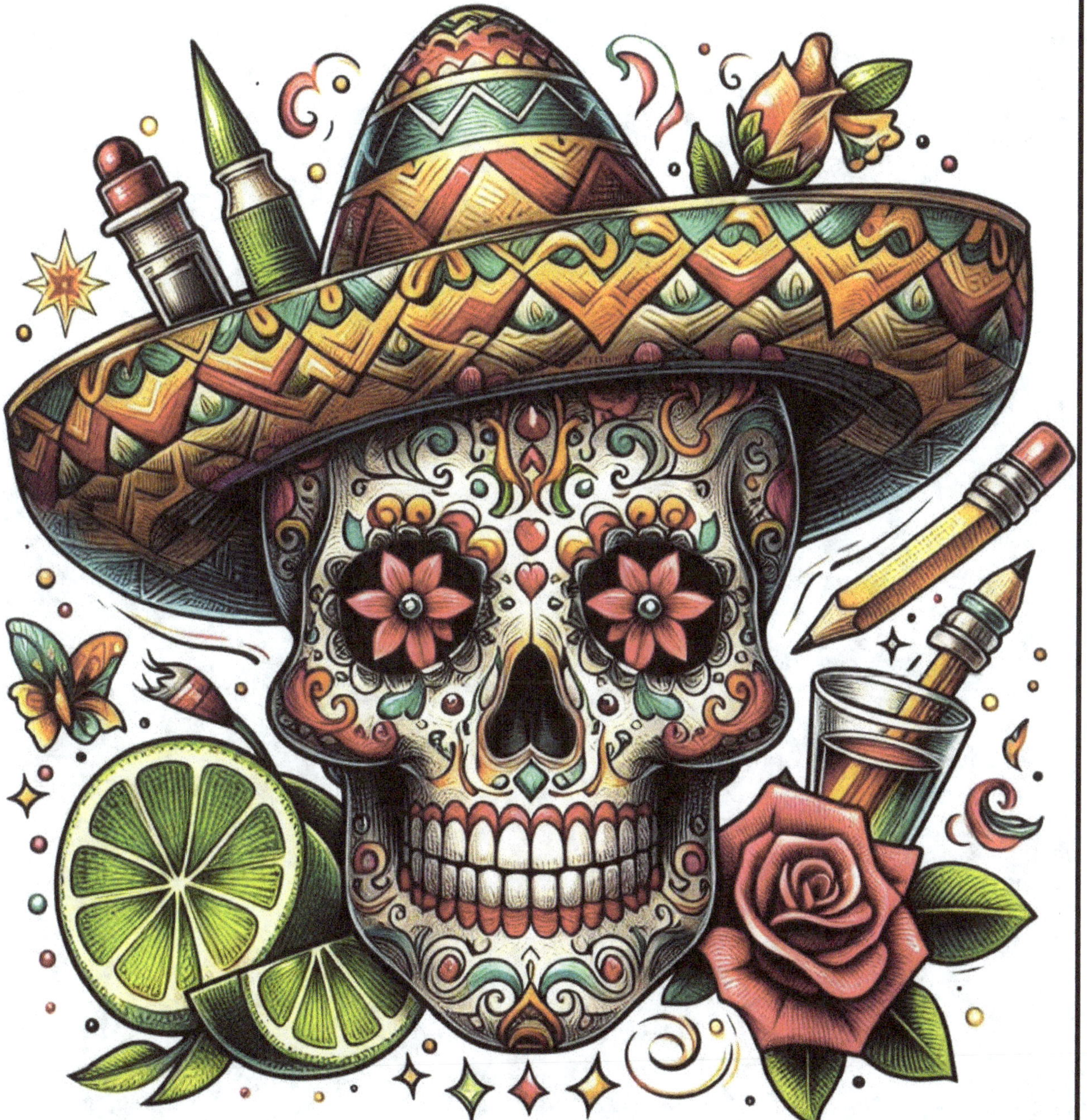

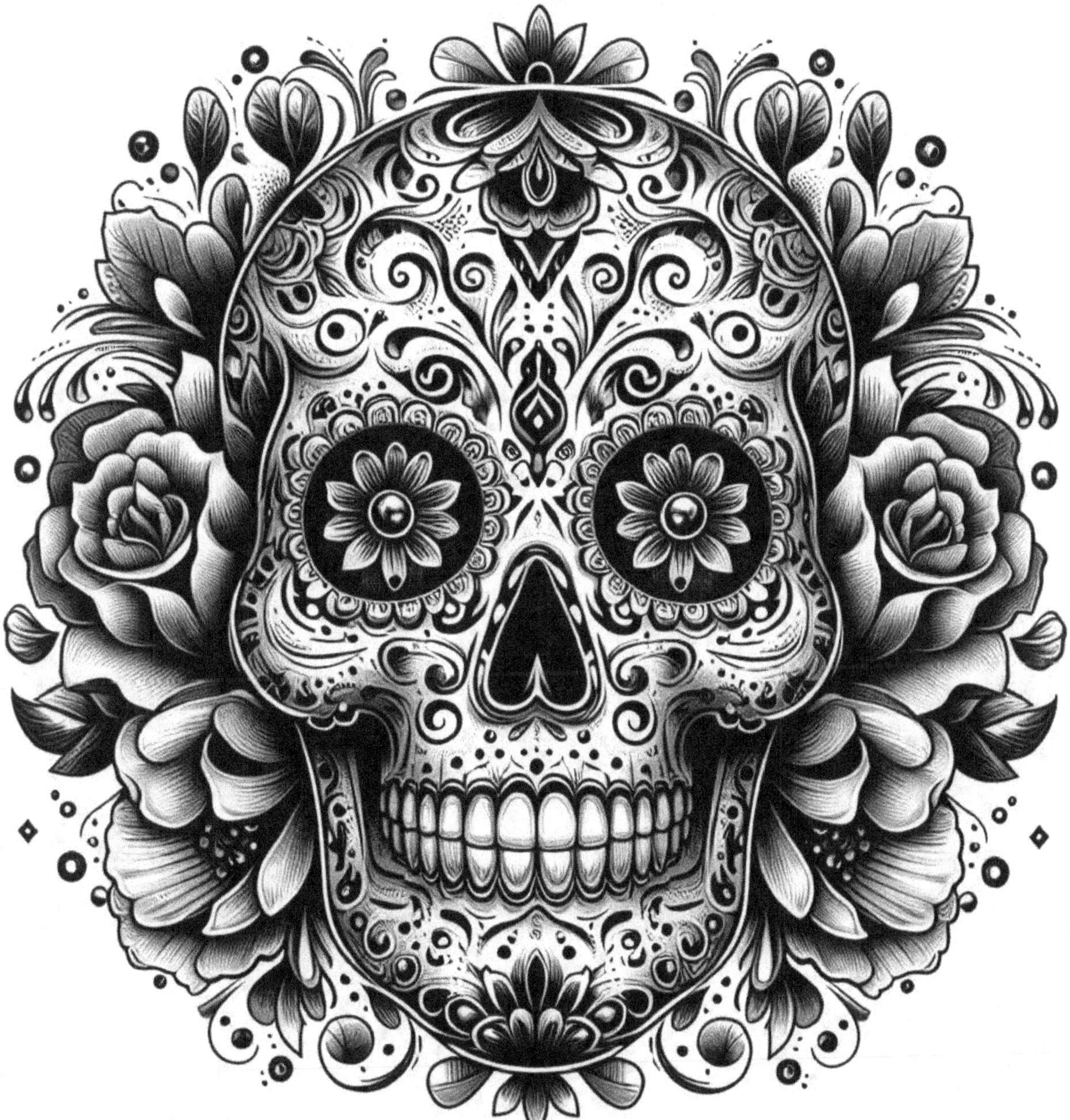

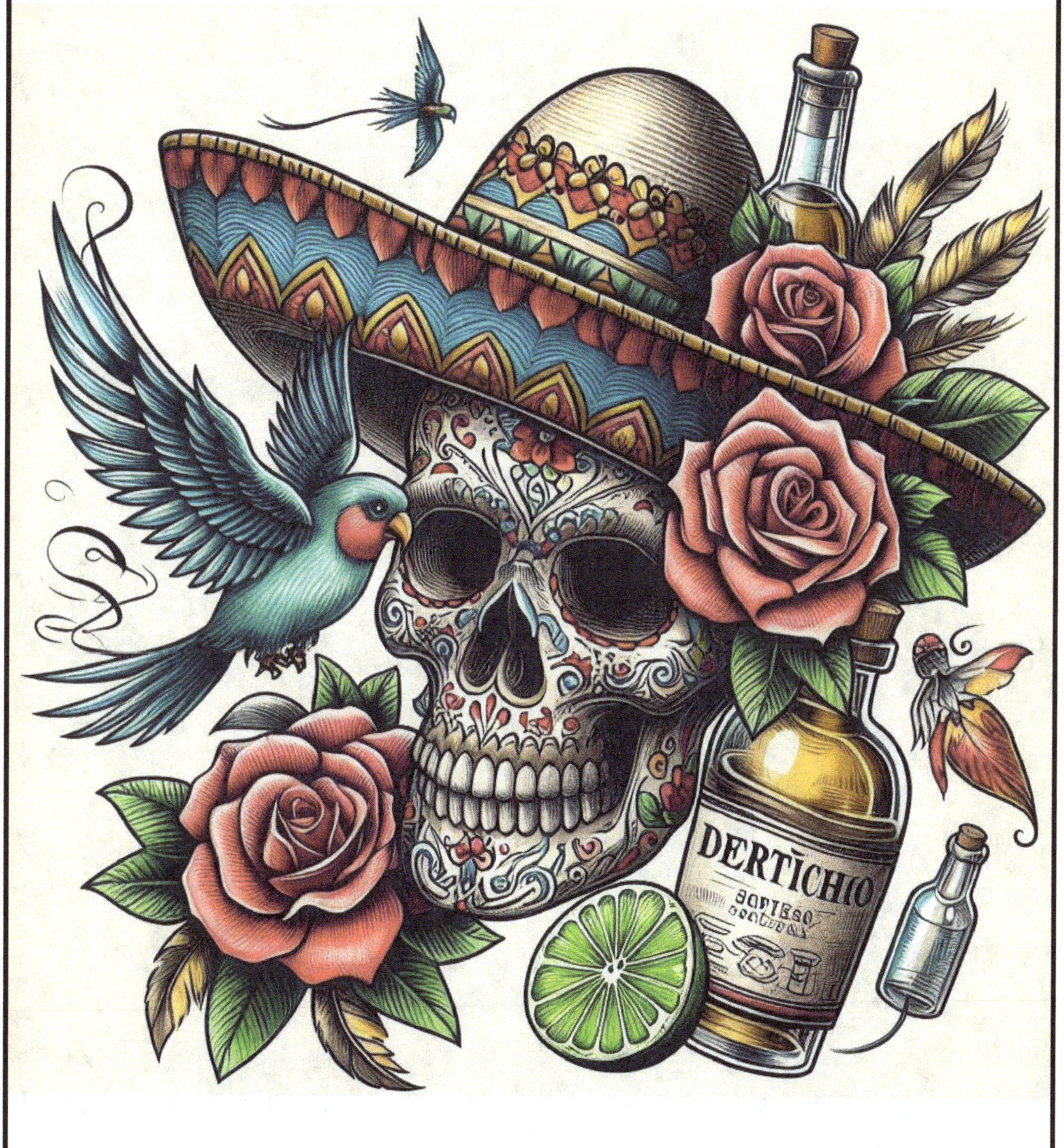
DERTICHIO

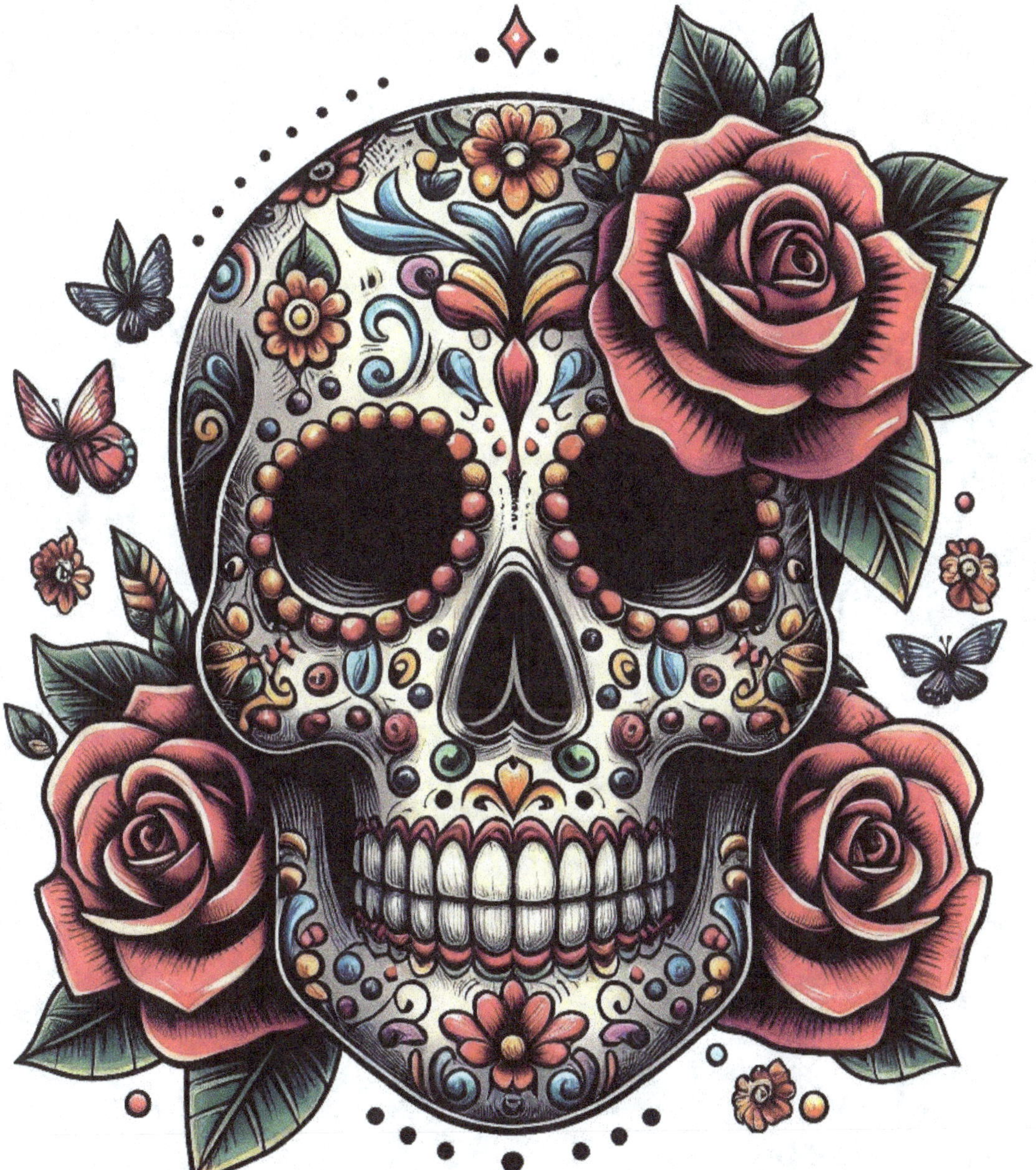

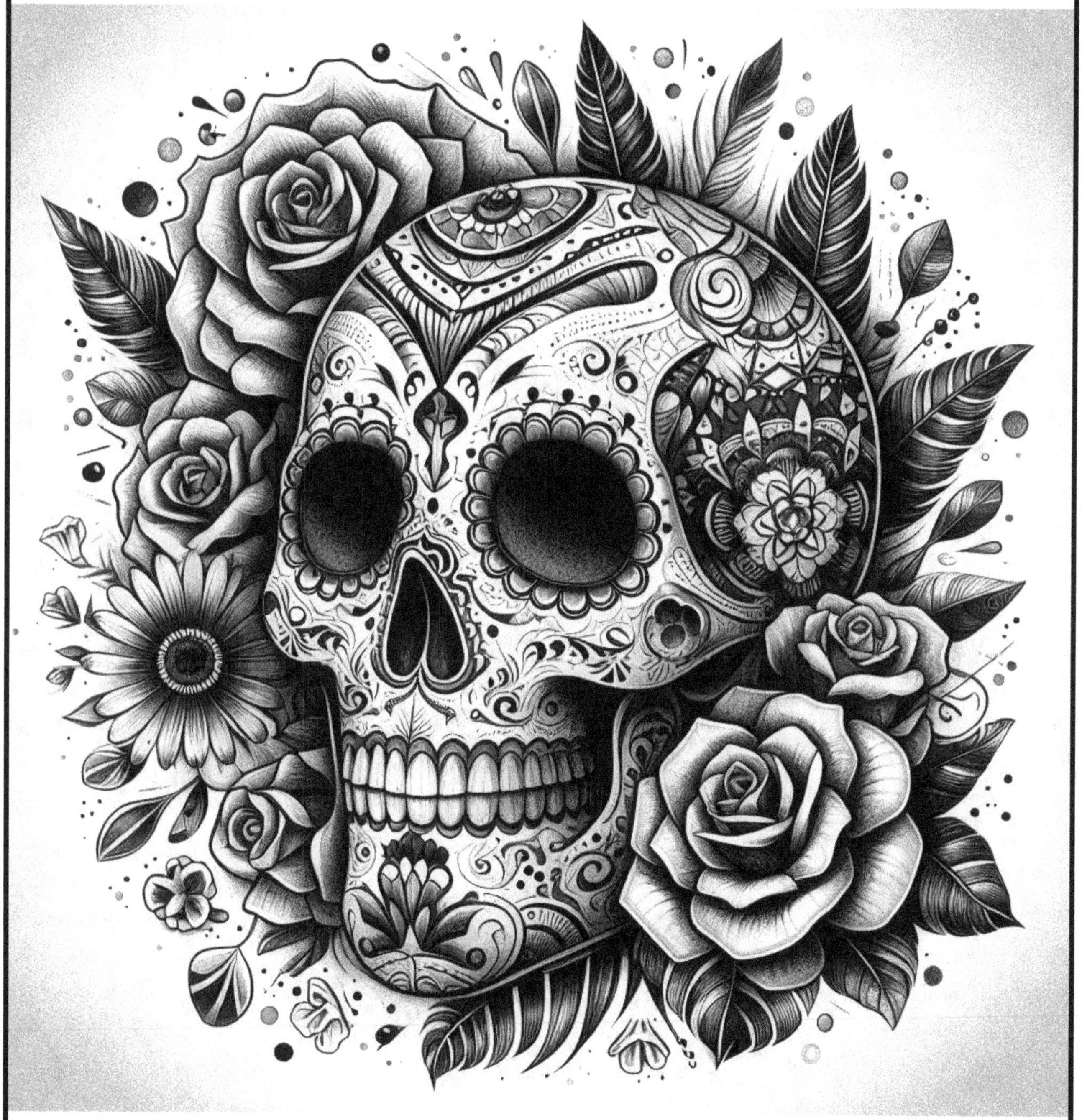

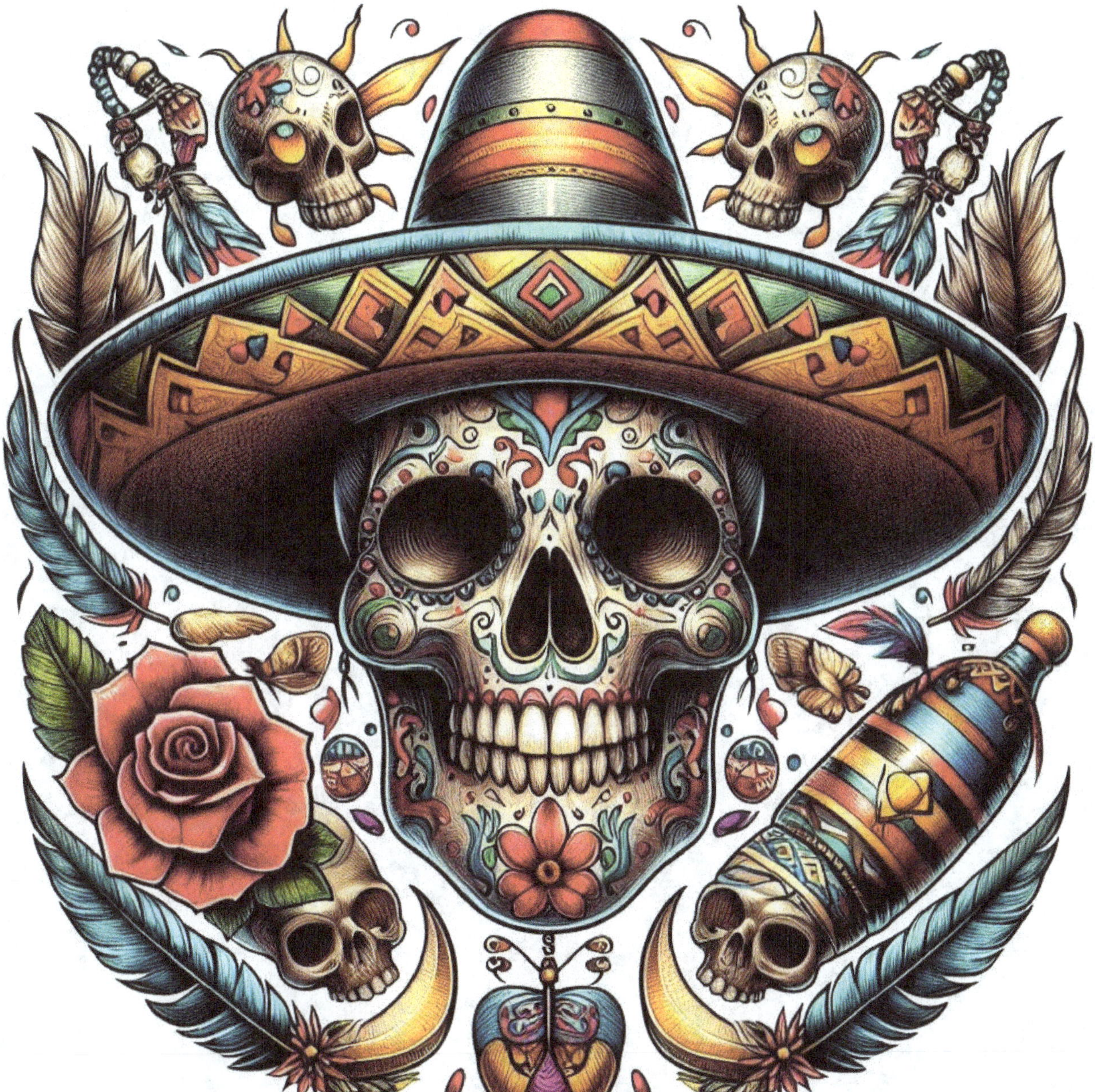

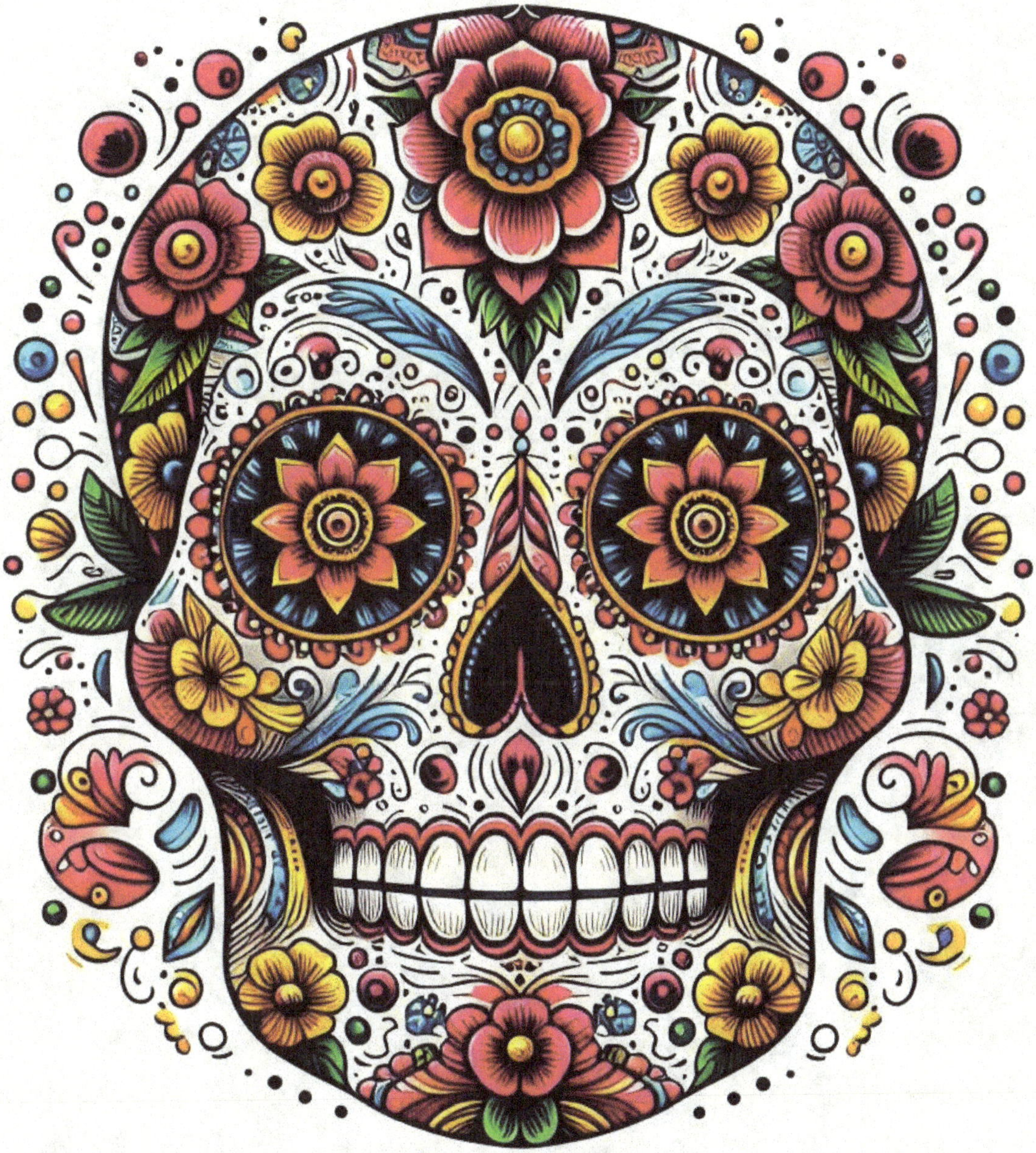

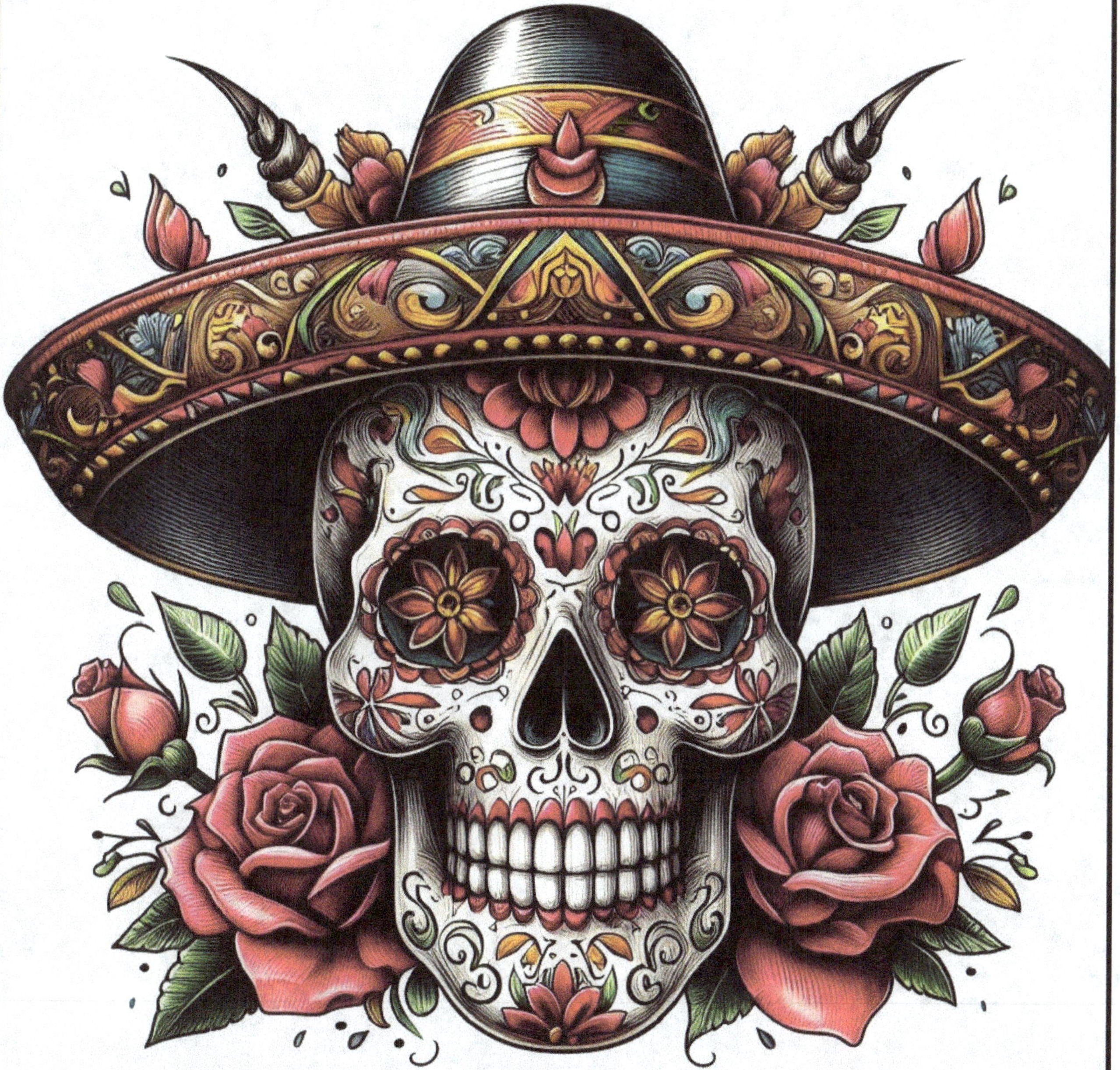

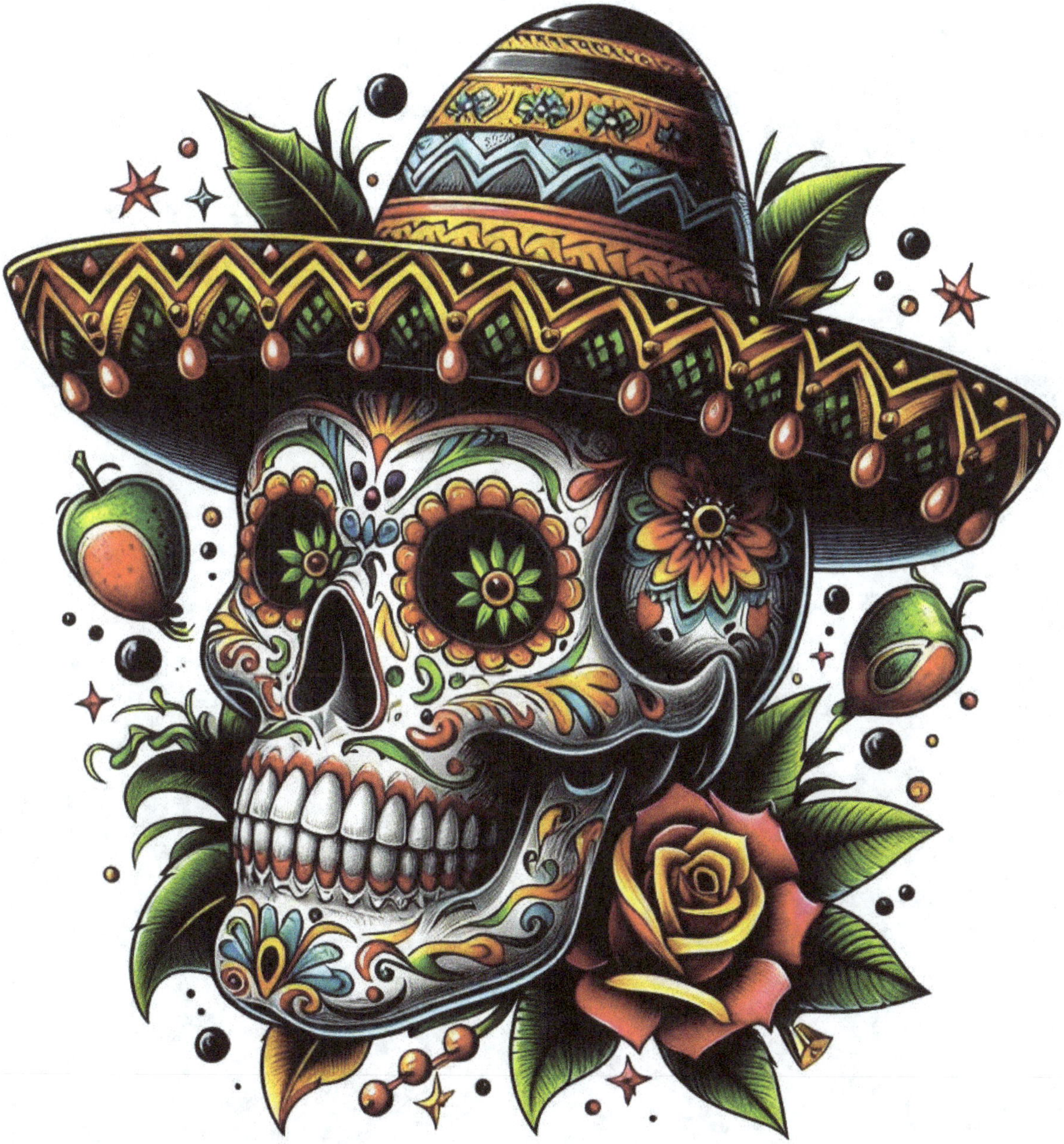

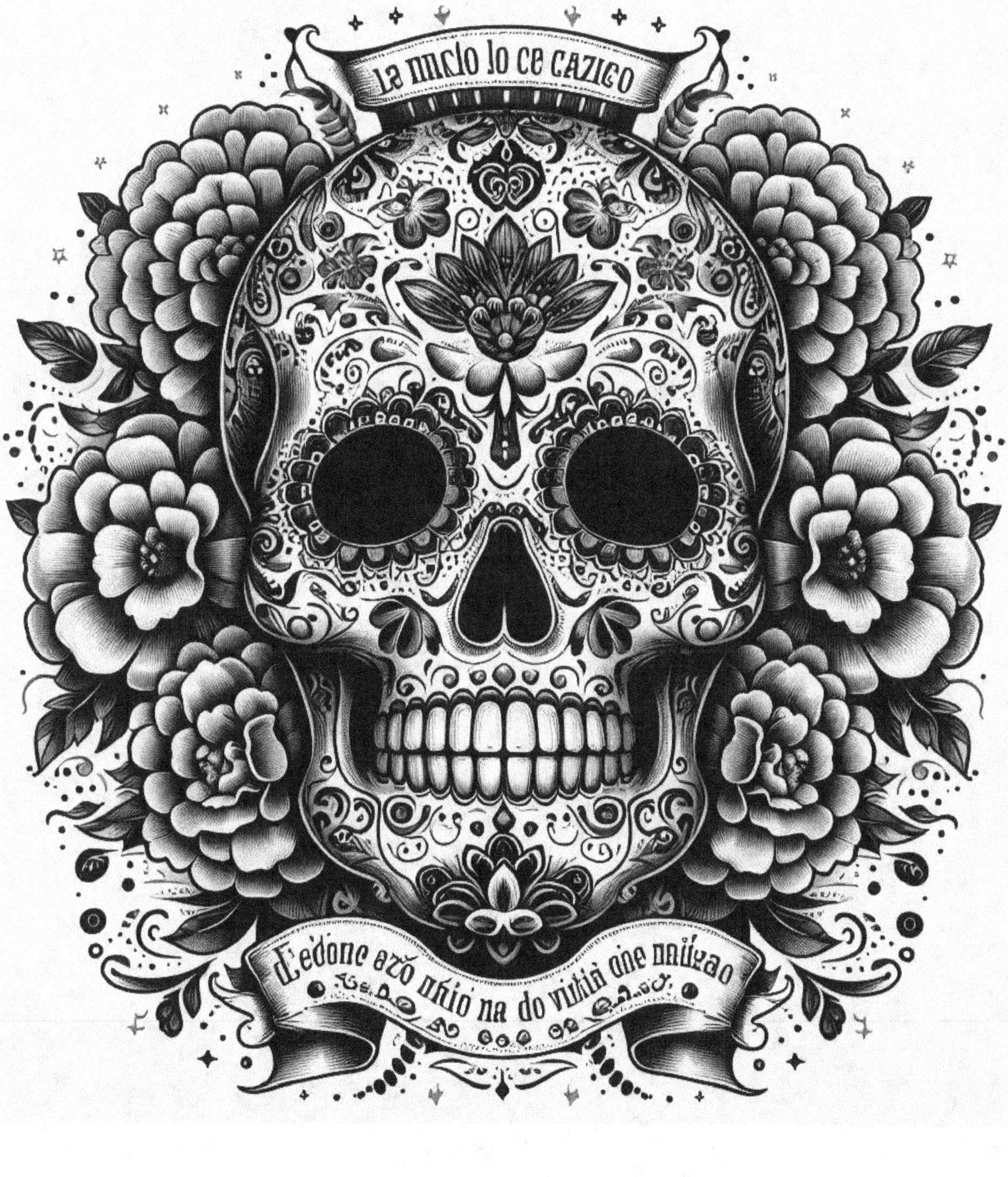

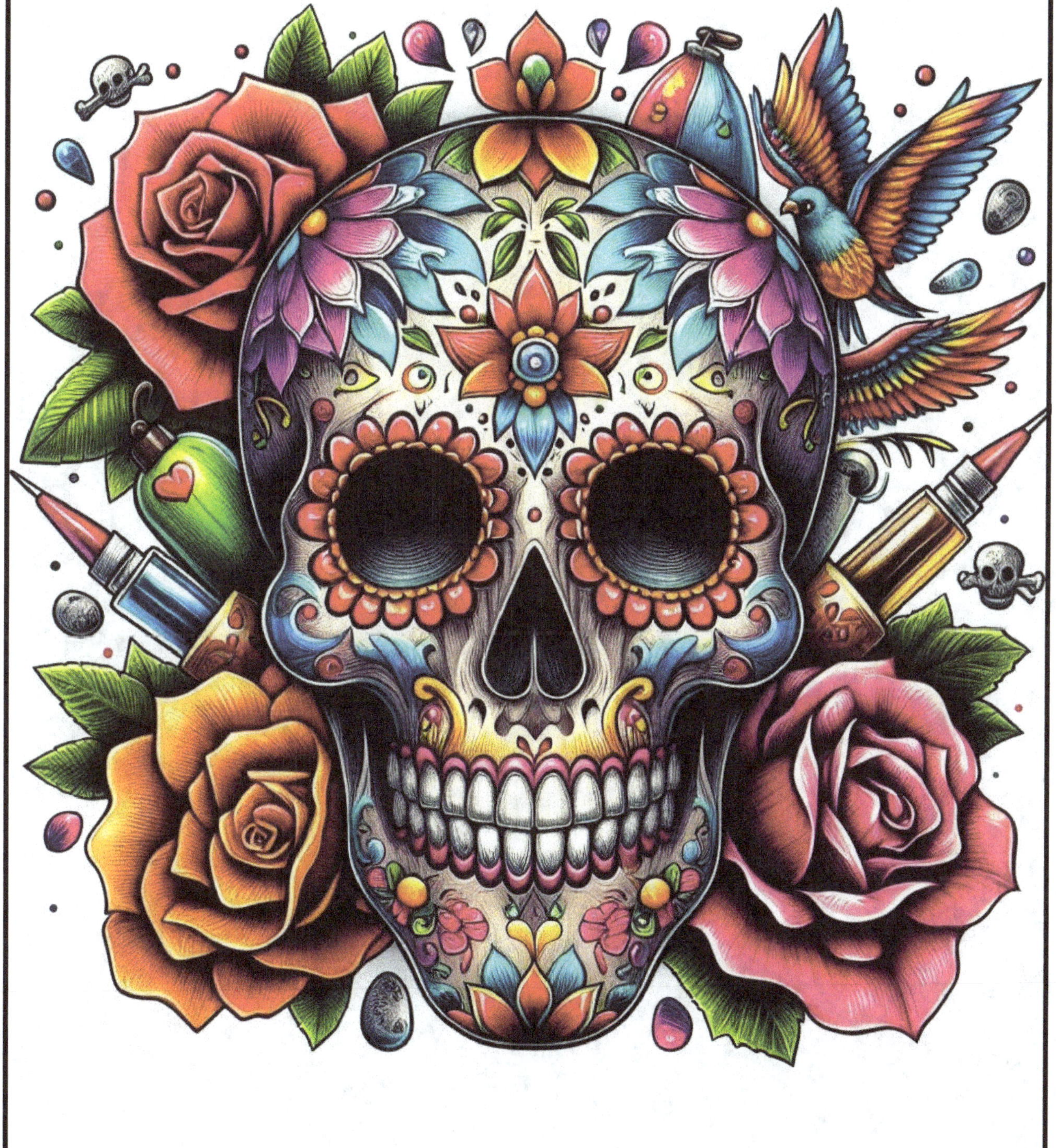

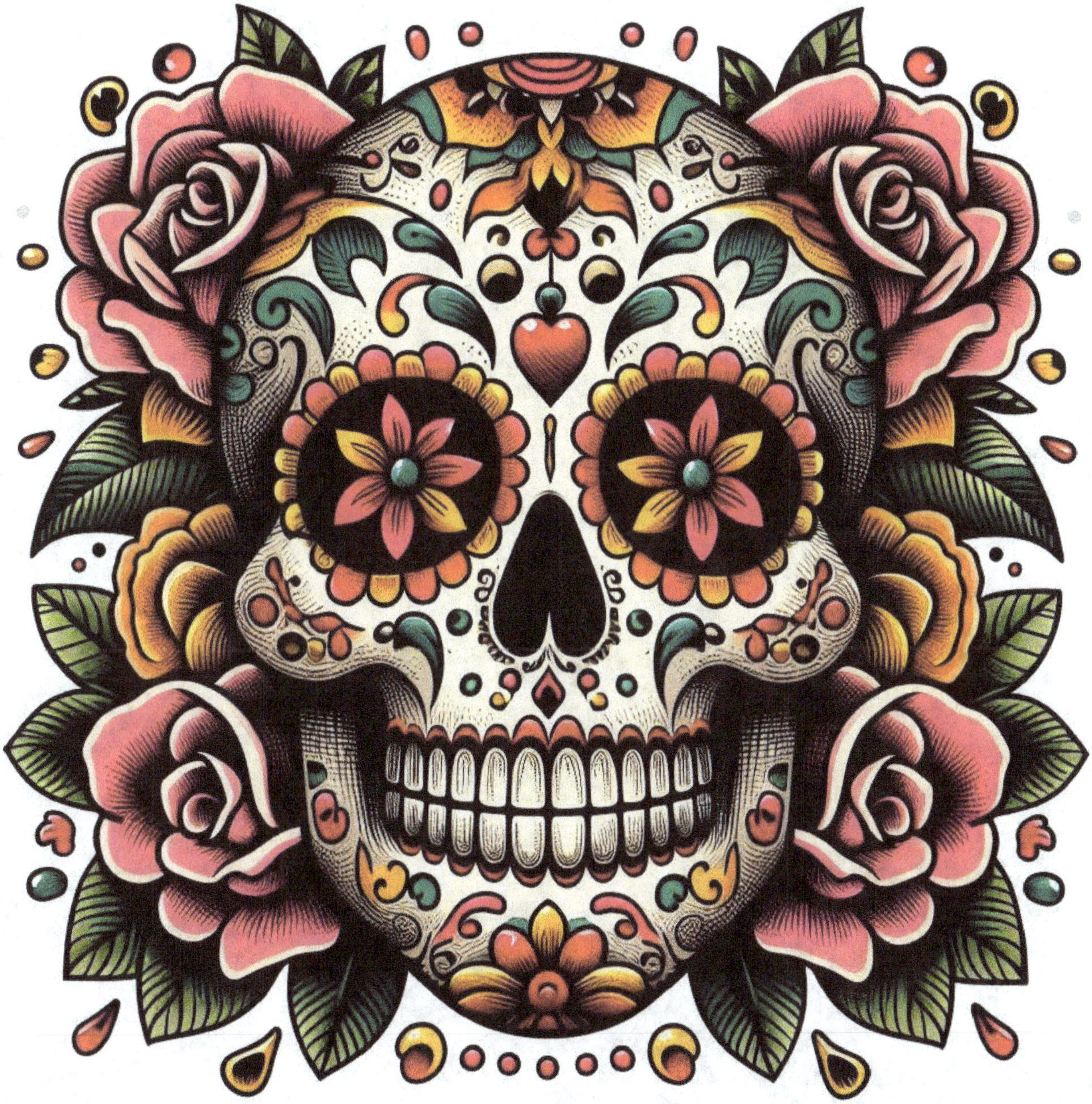

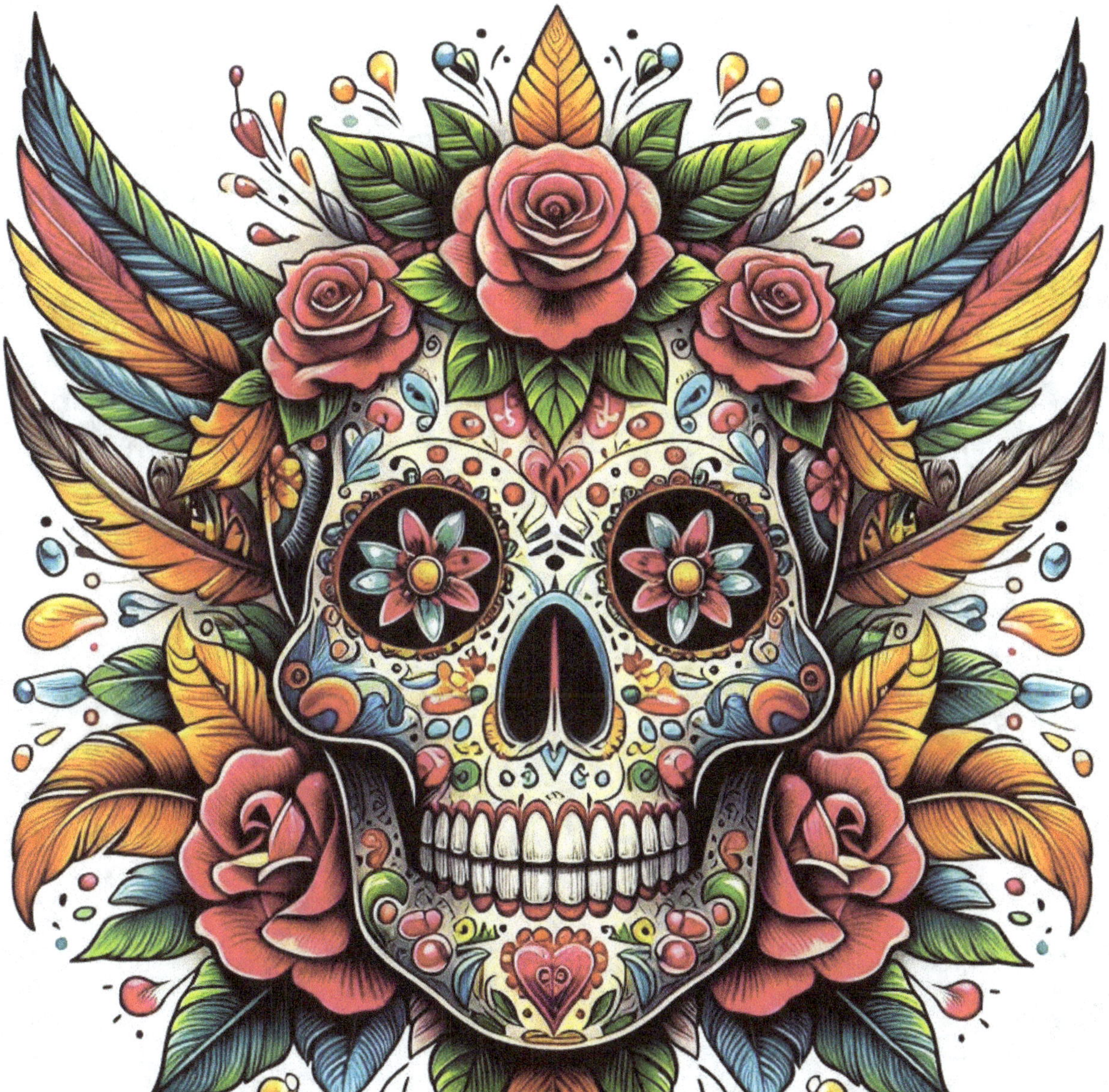

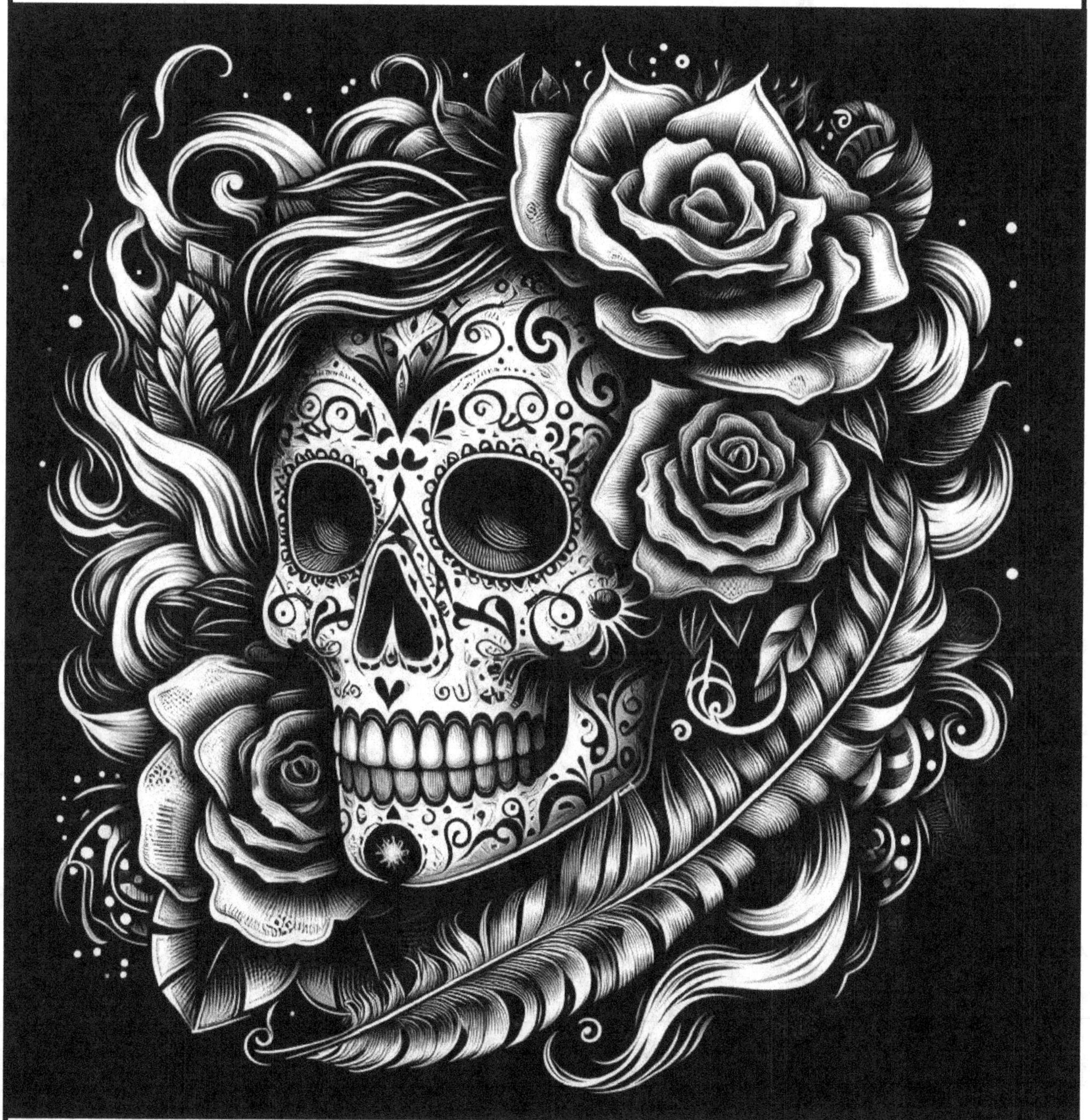

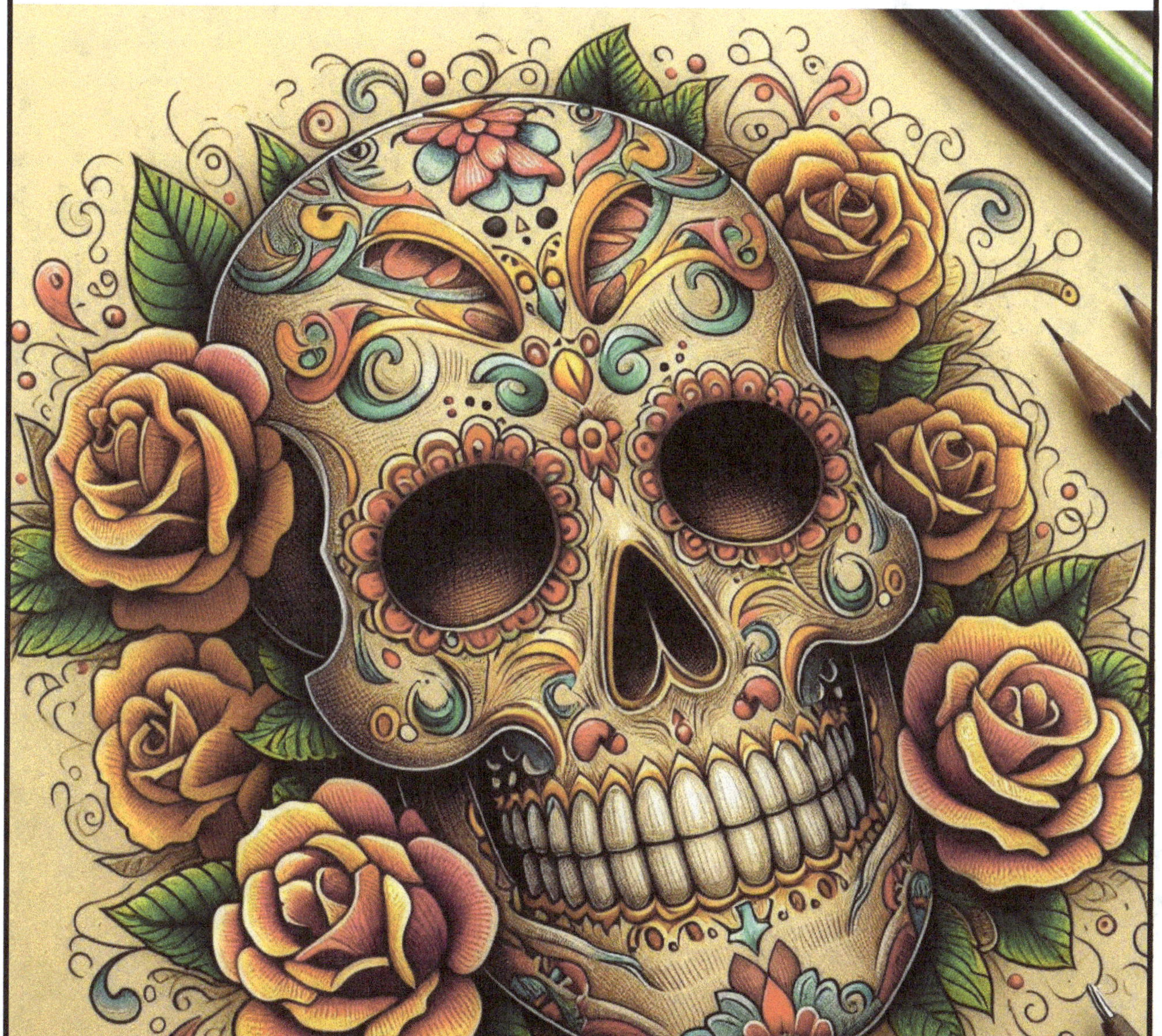

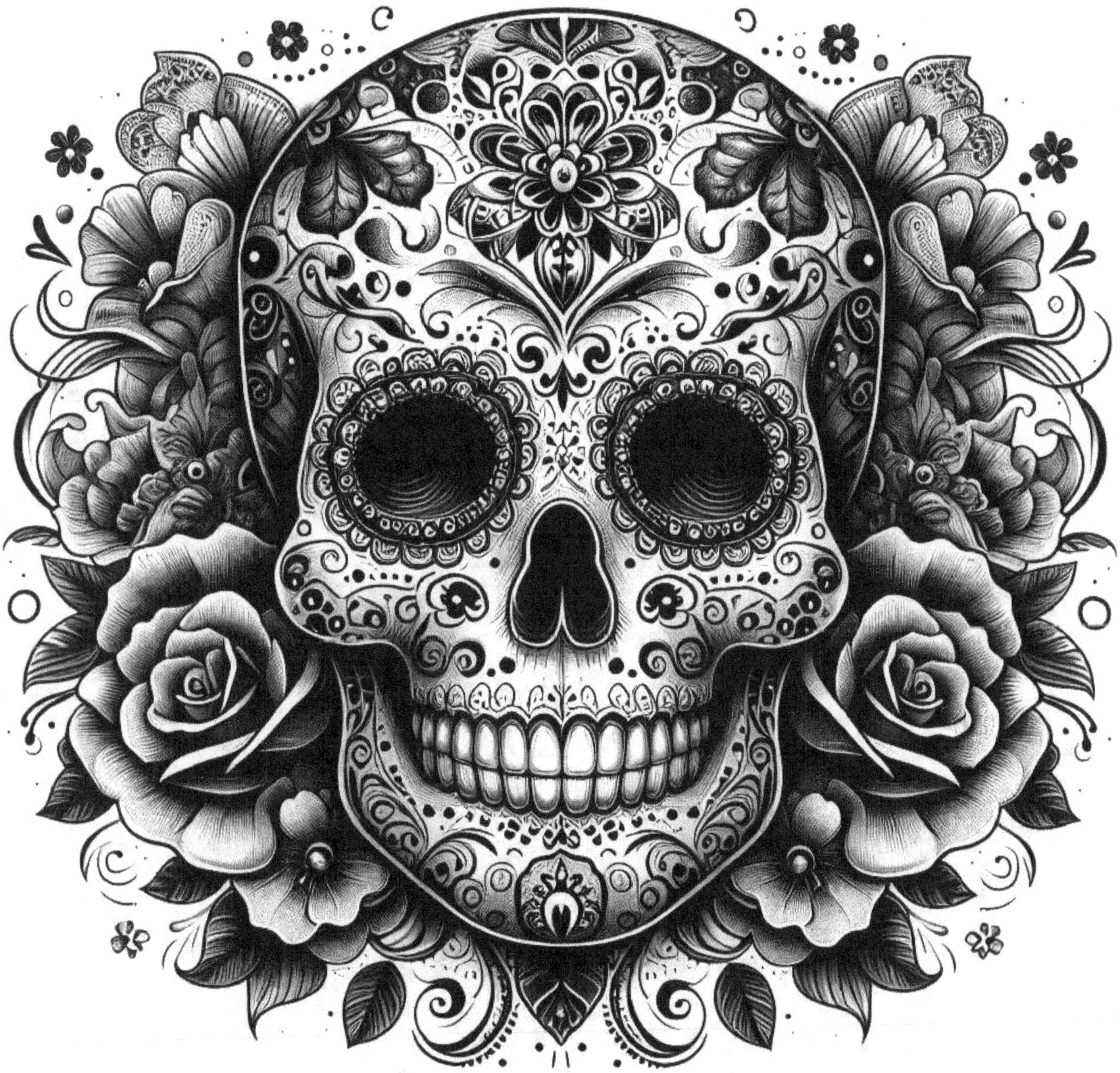

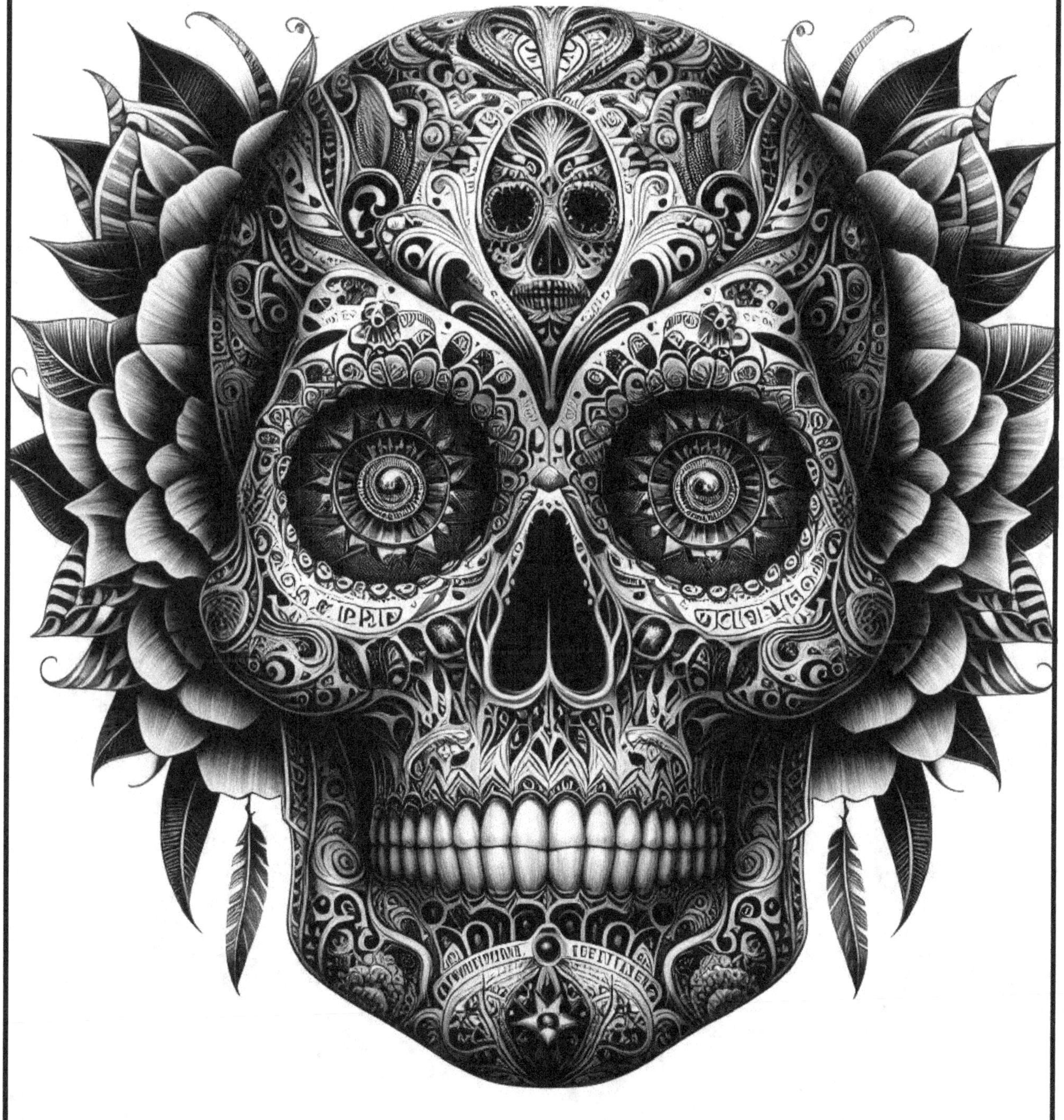

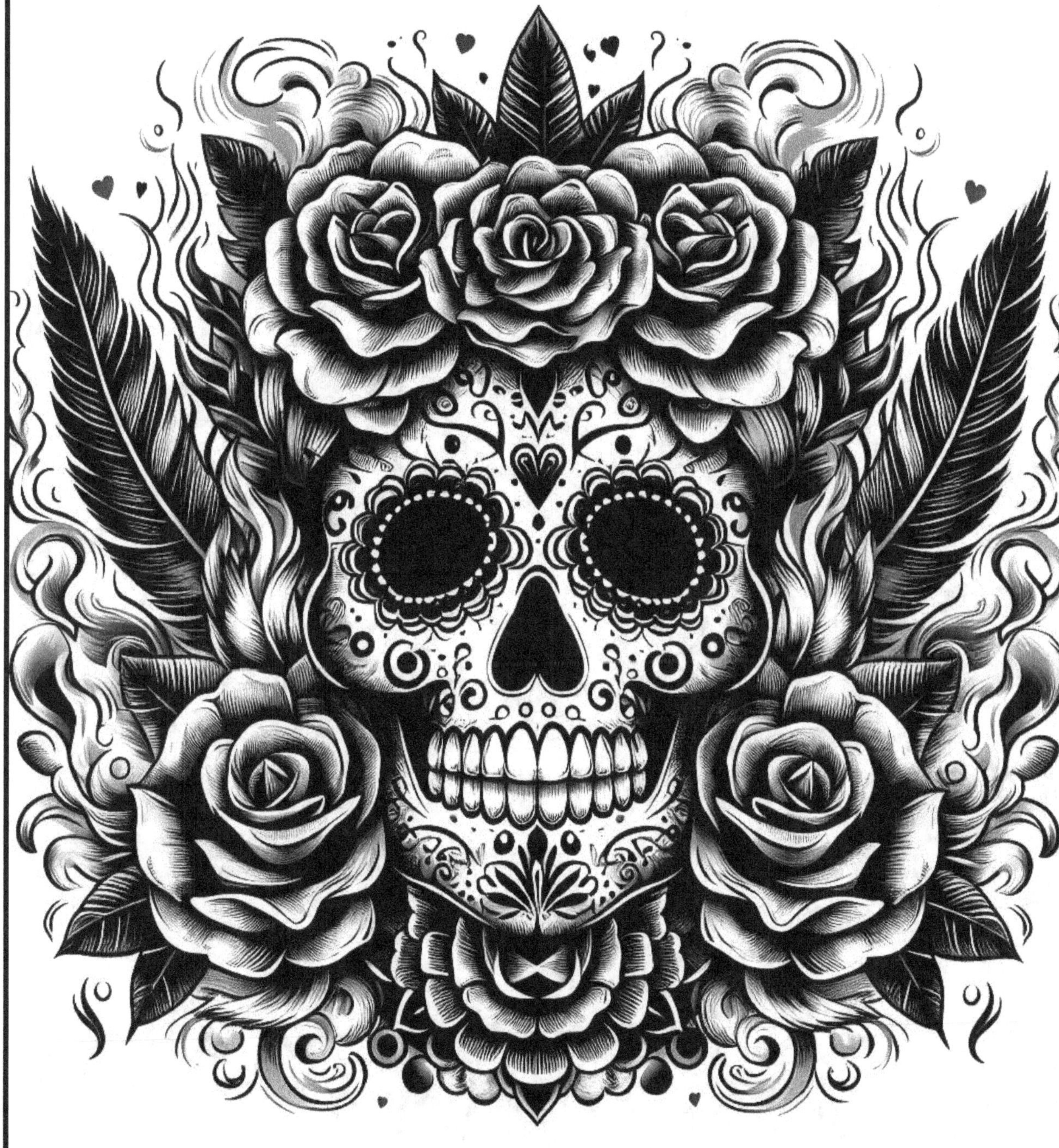

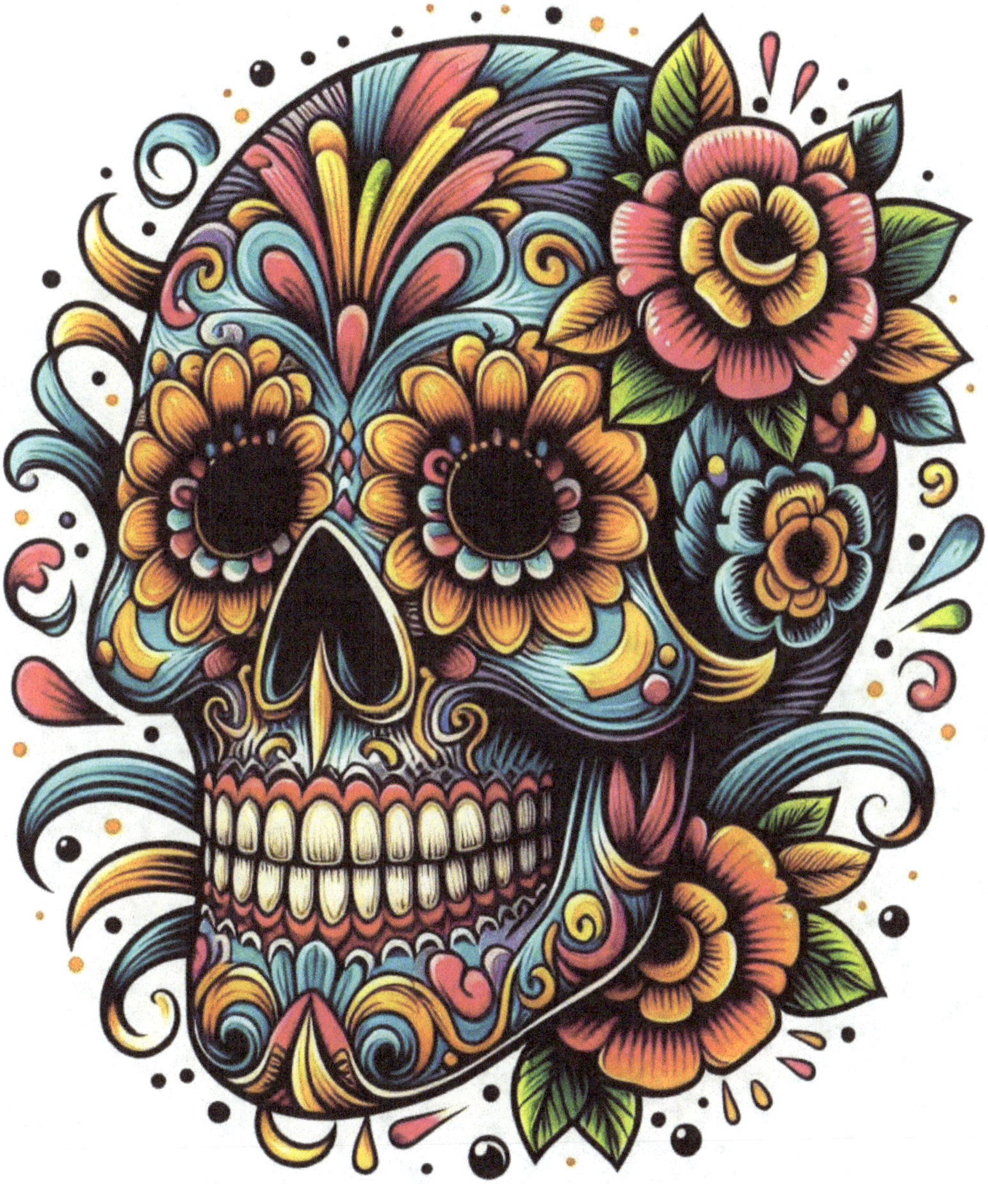

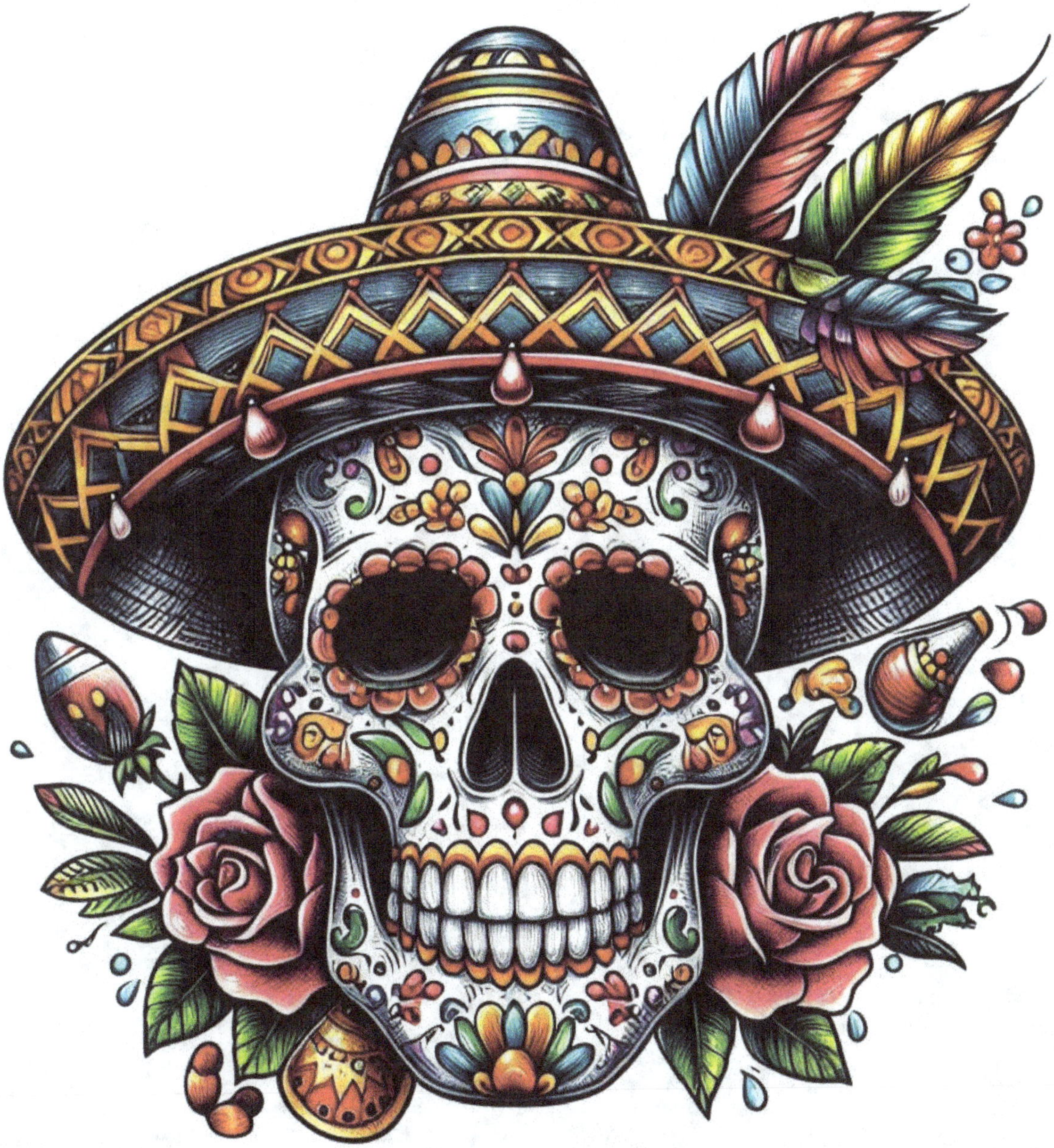

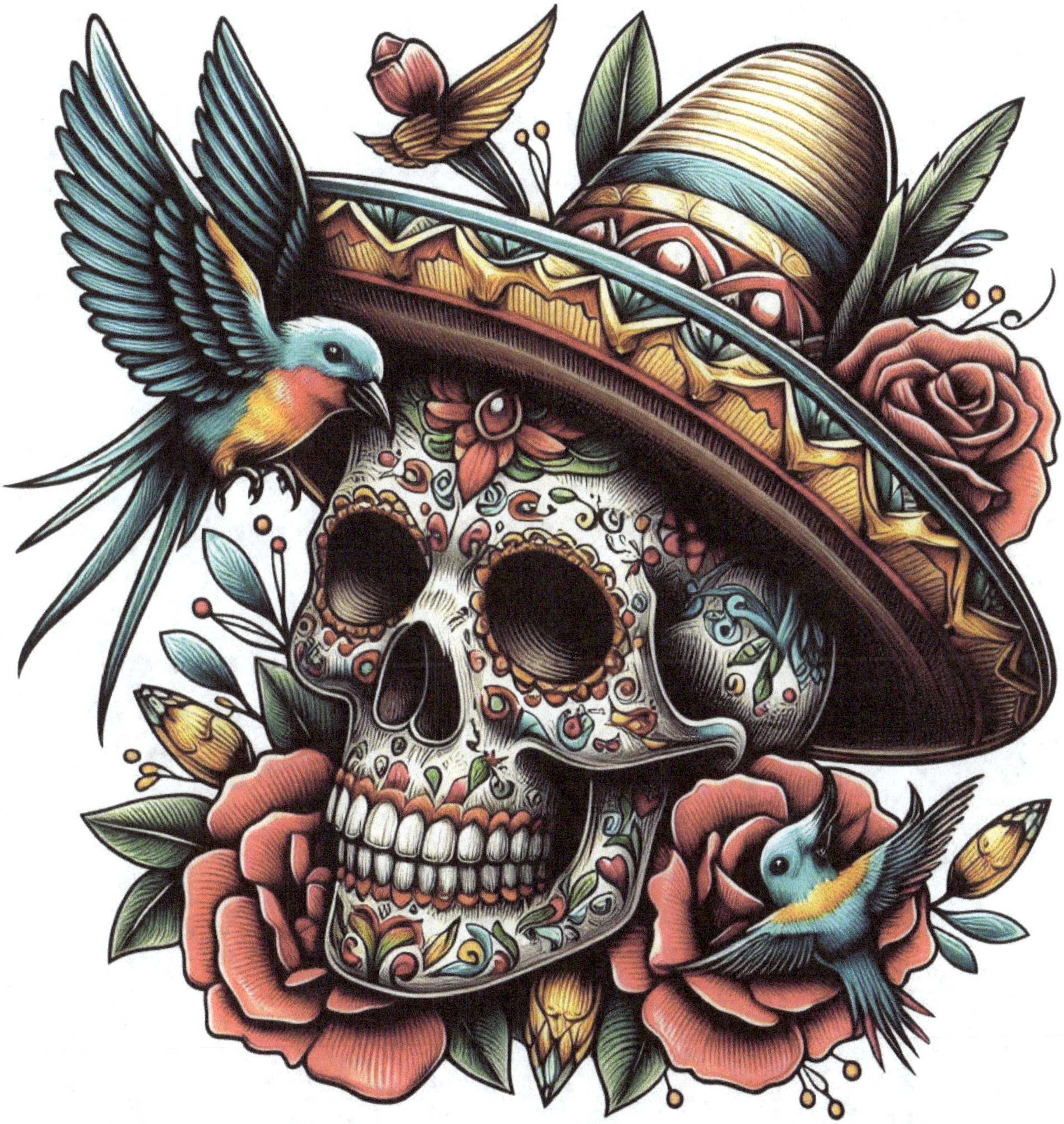

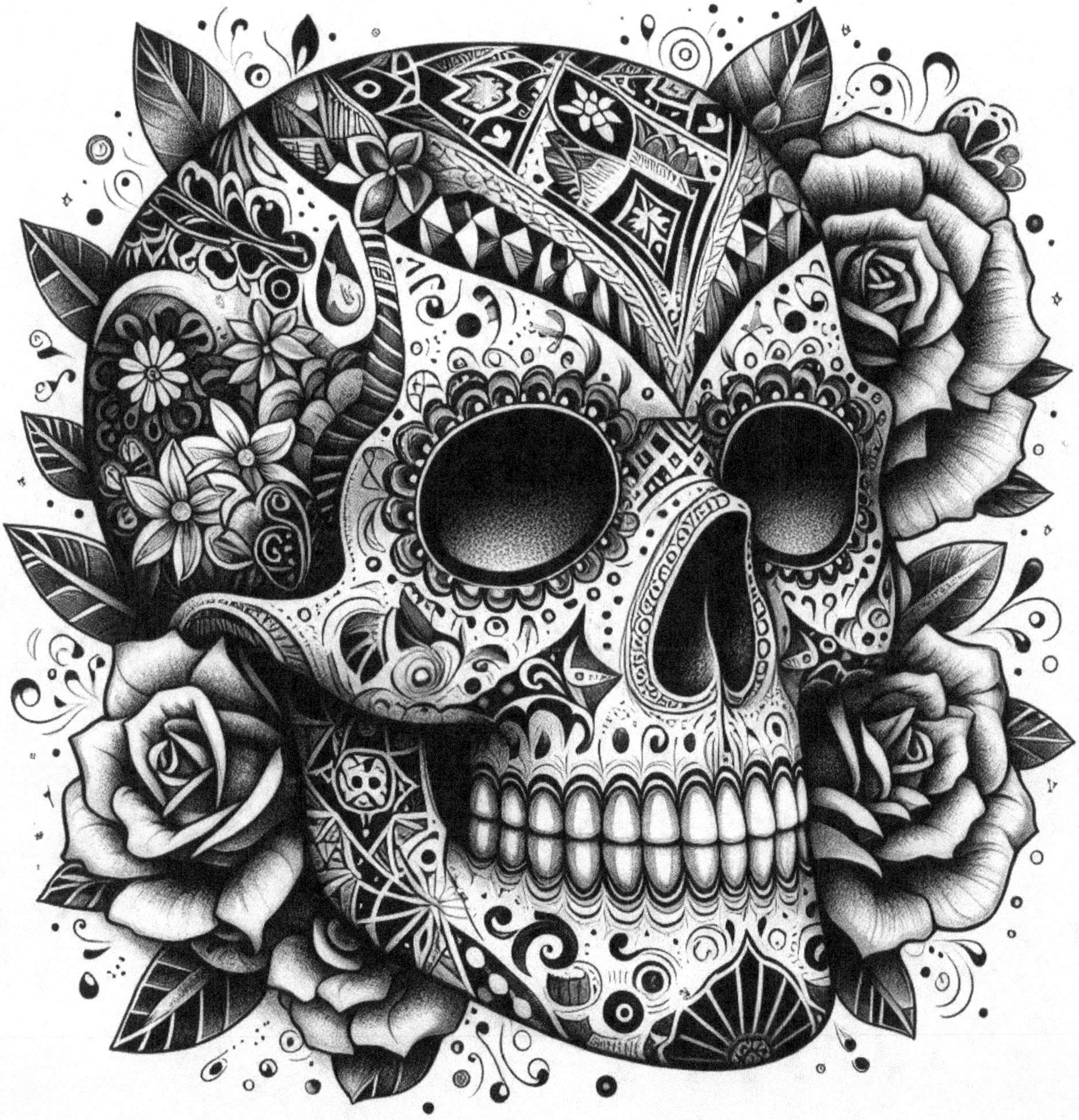

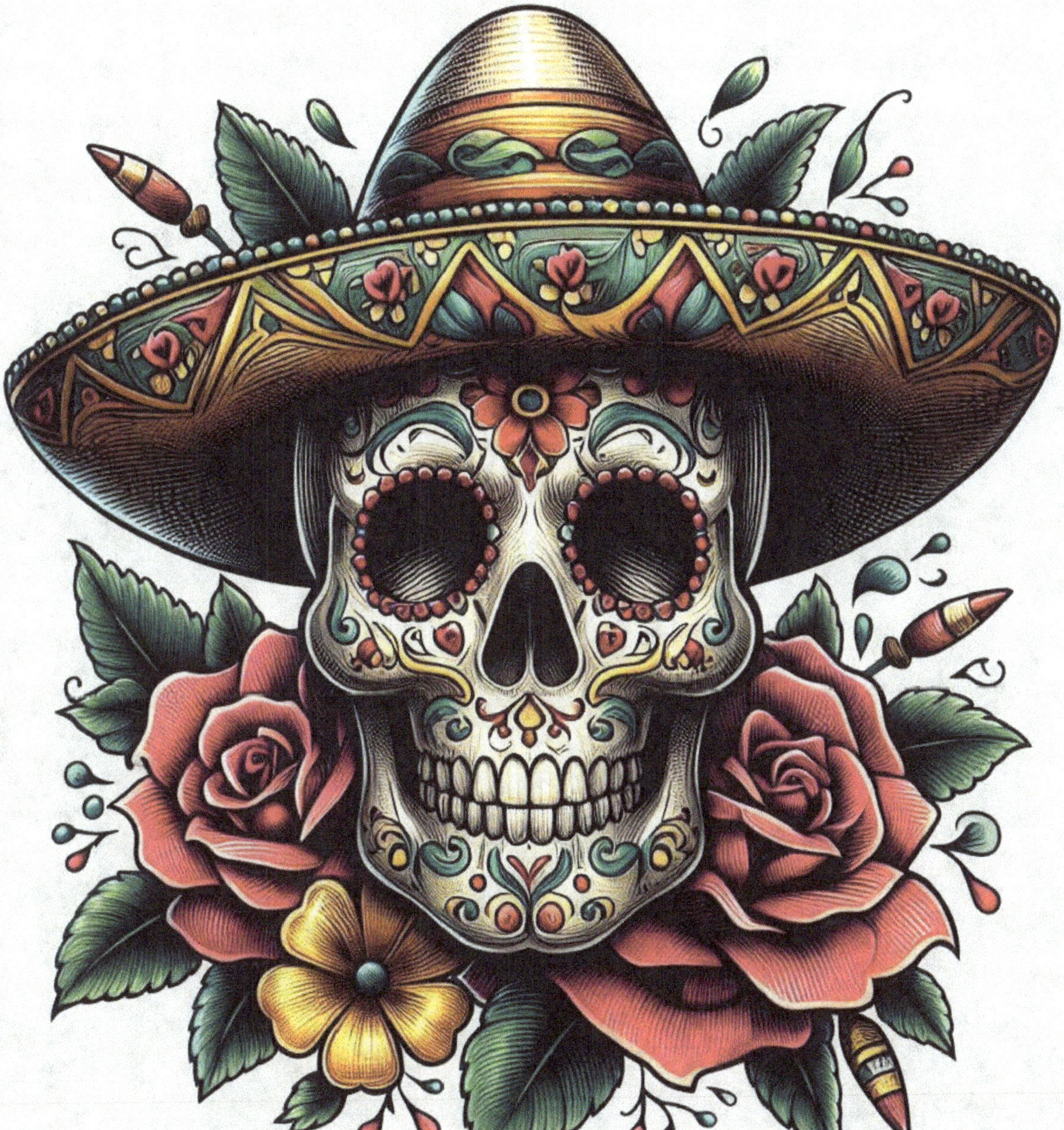

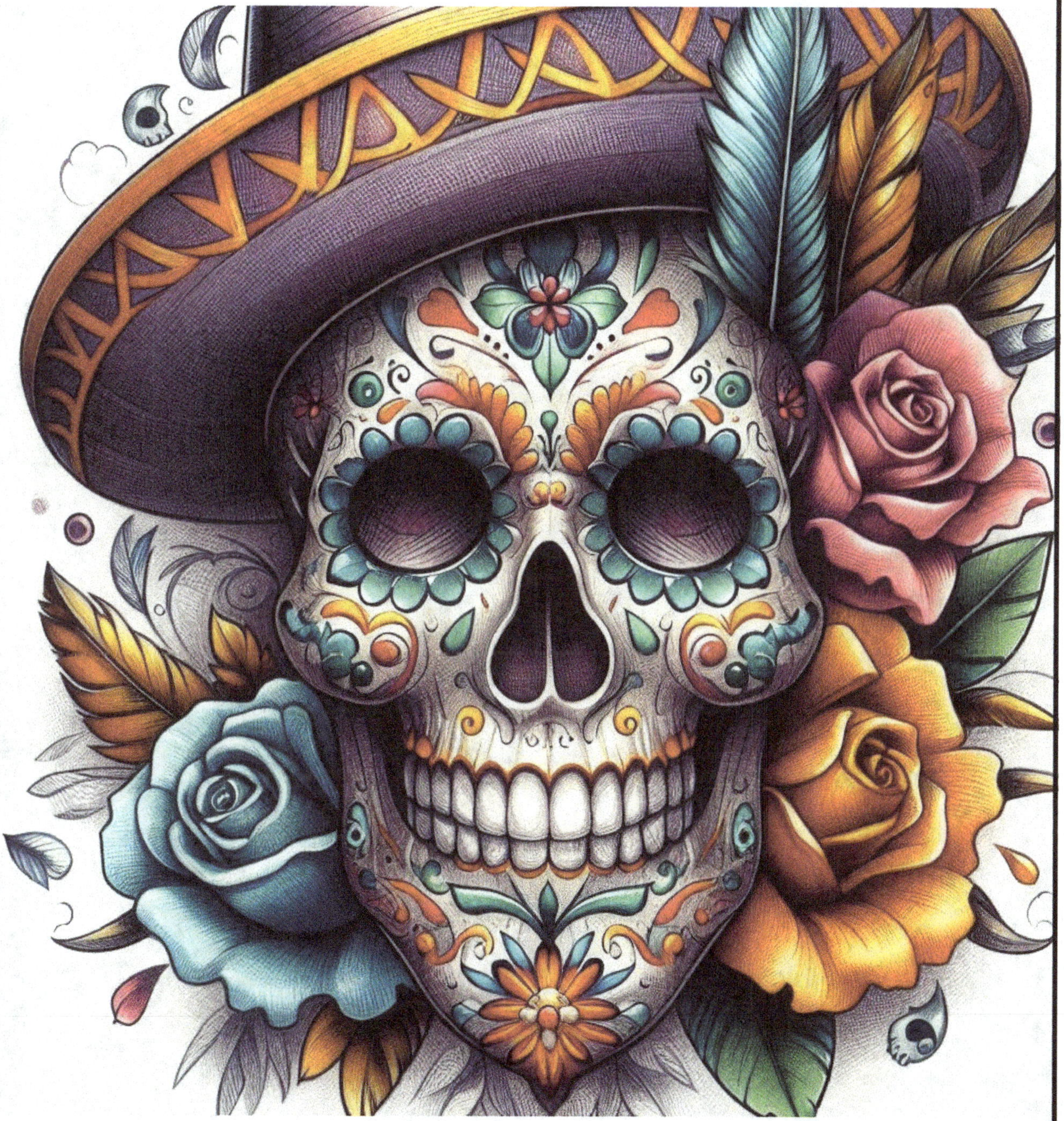

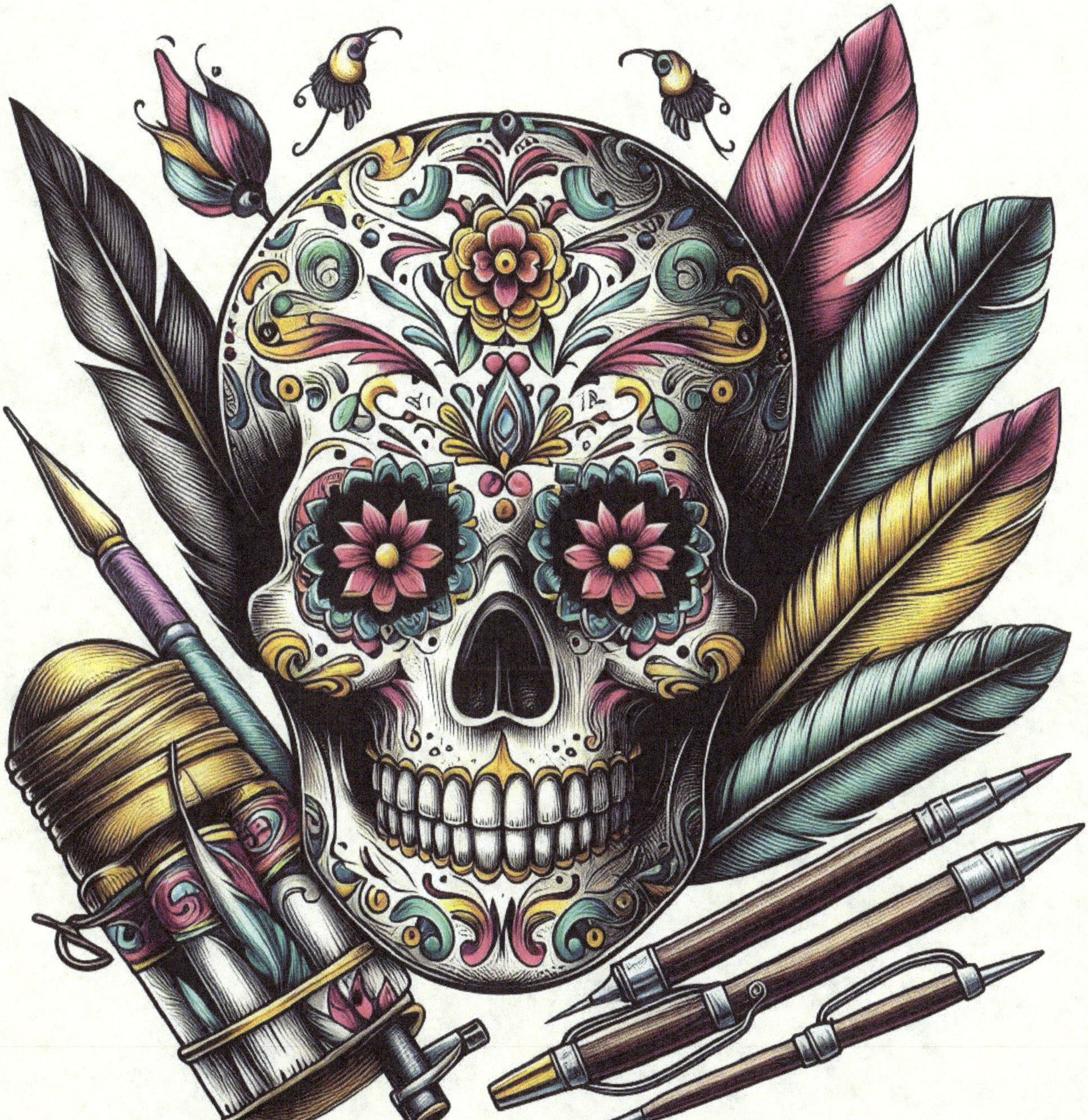

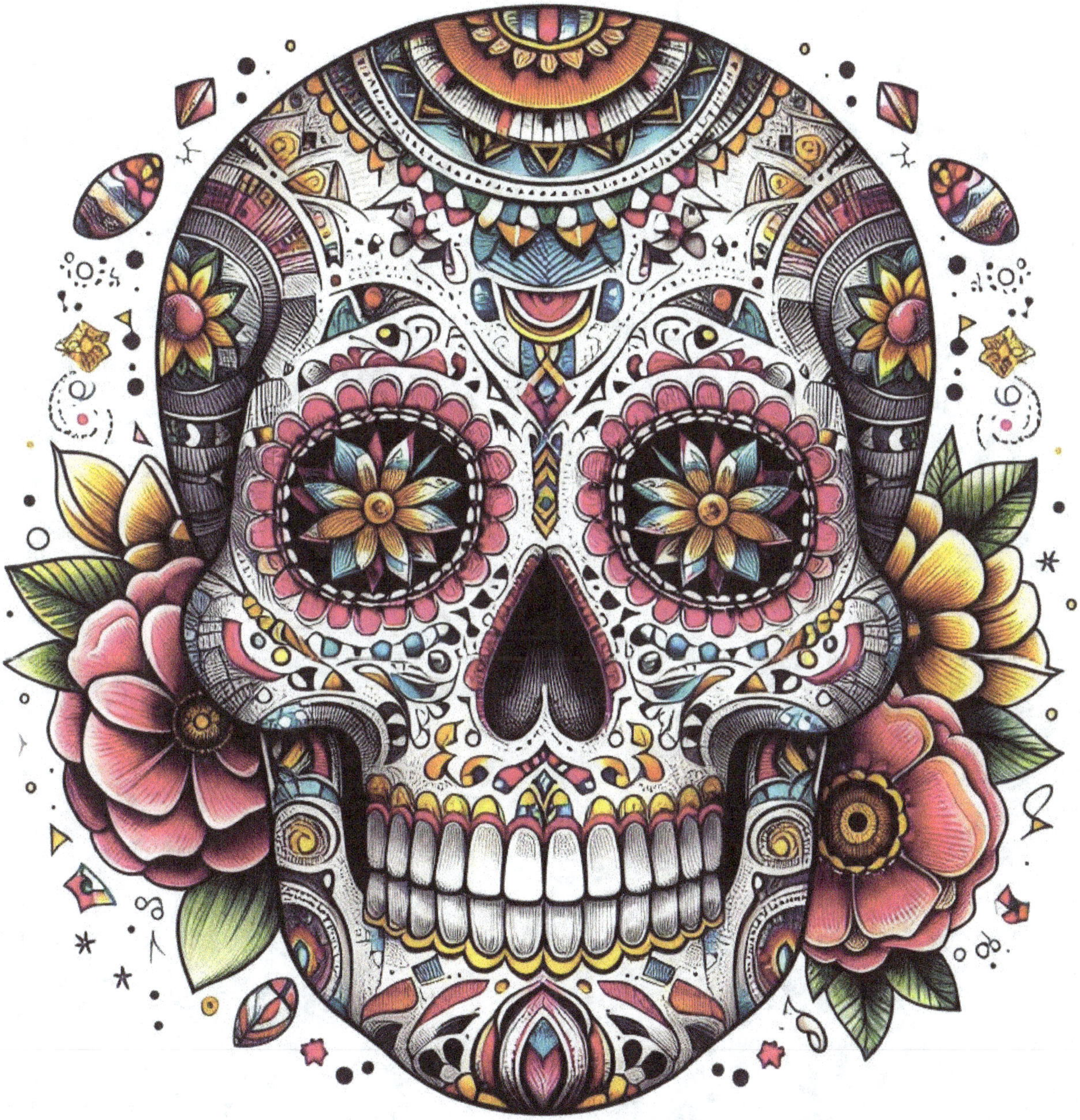

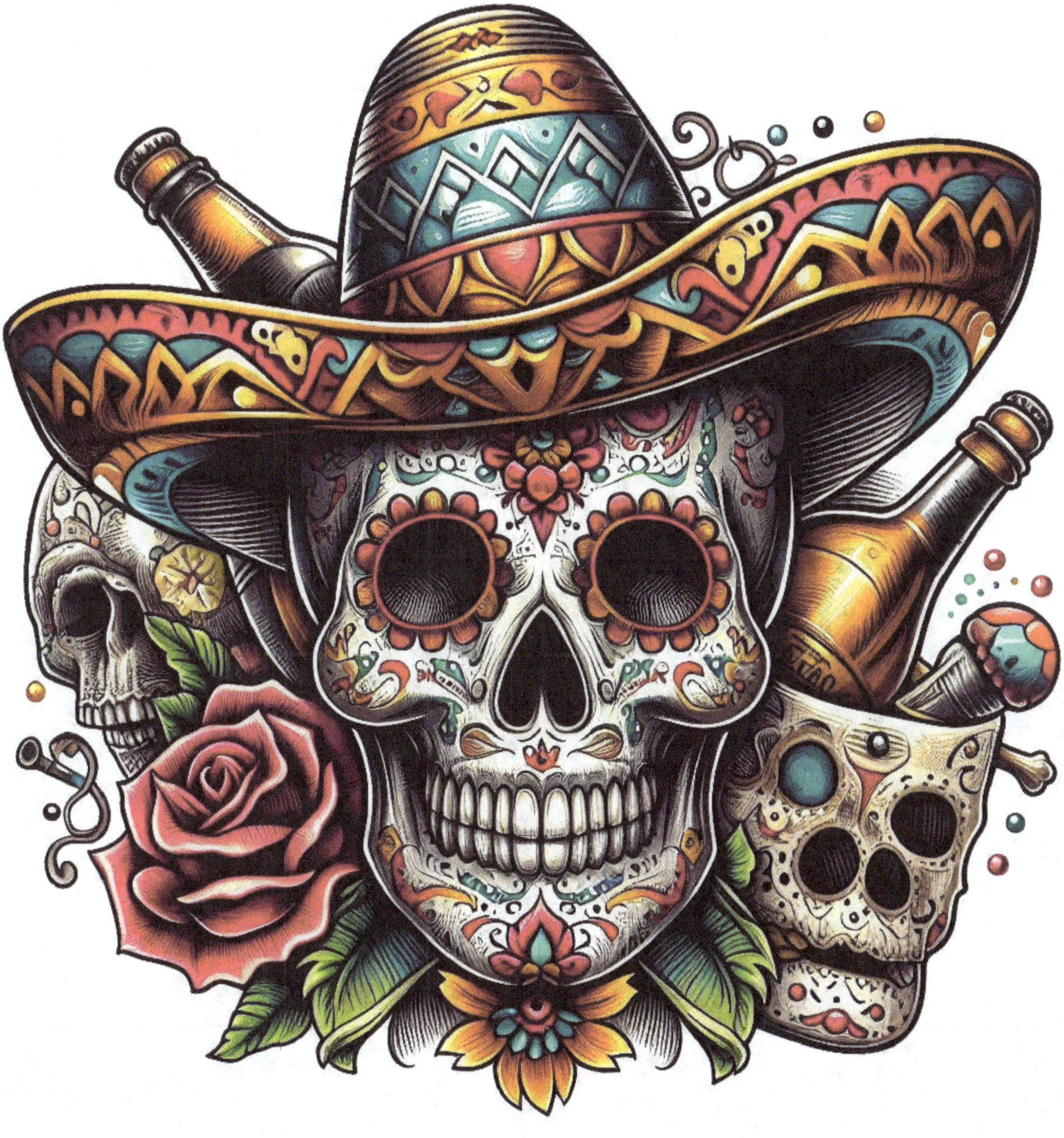

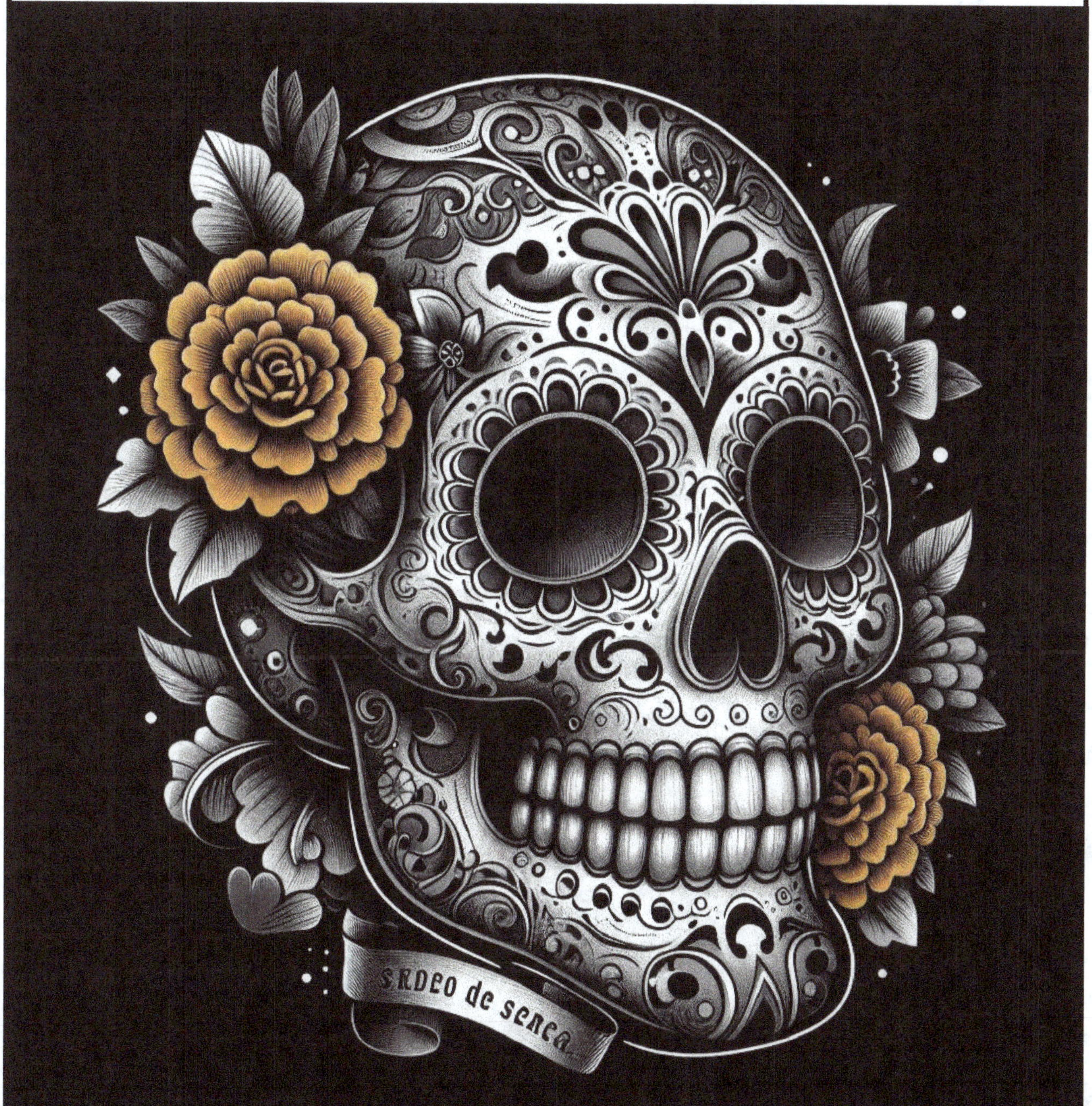
SRDEO de SENCA

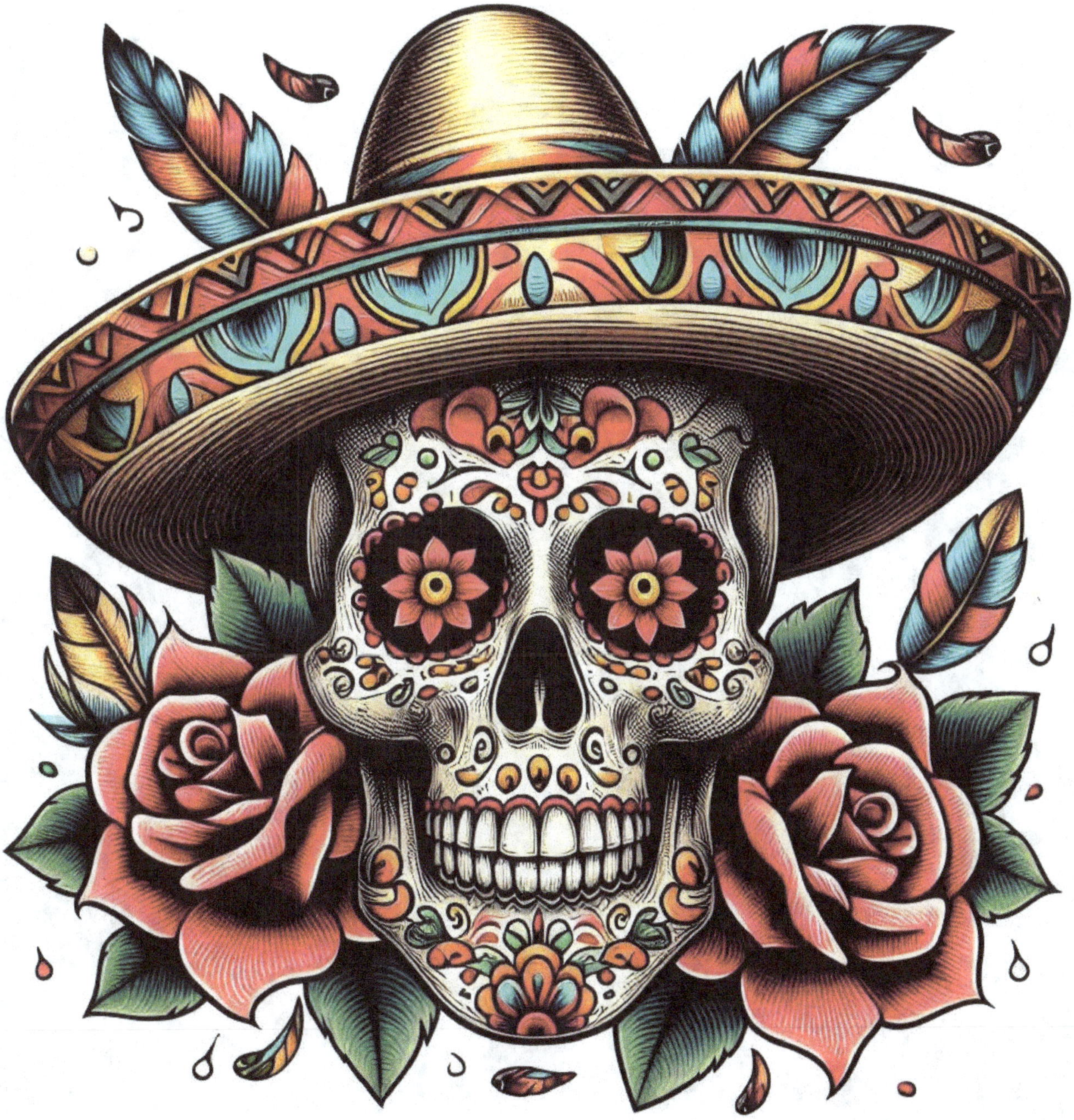

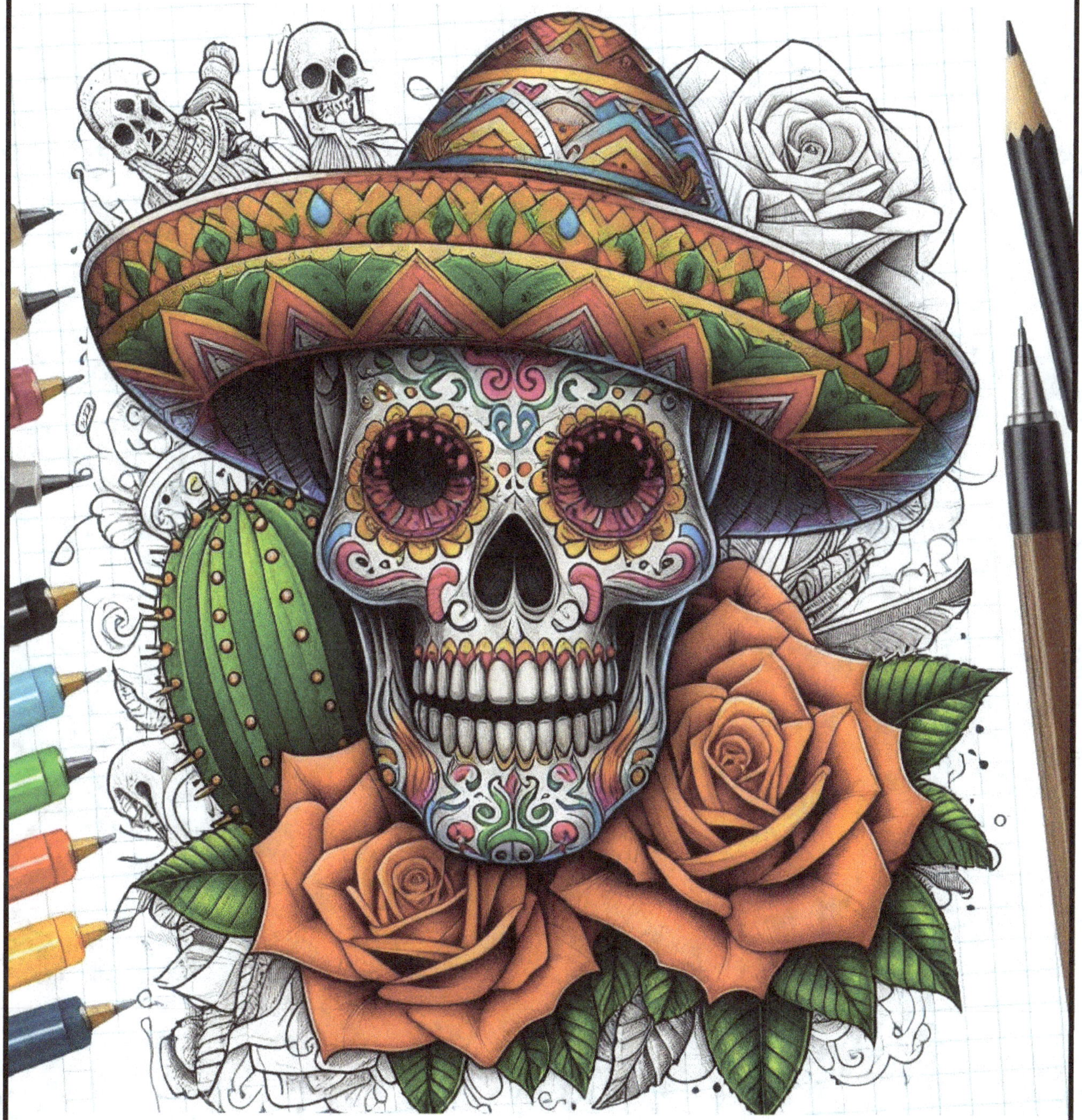

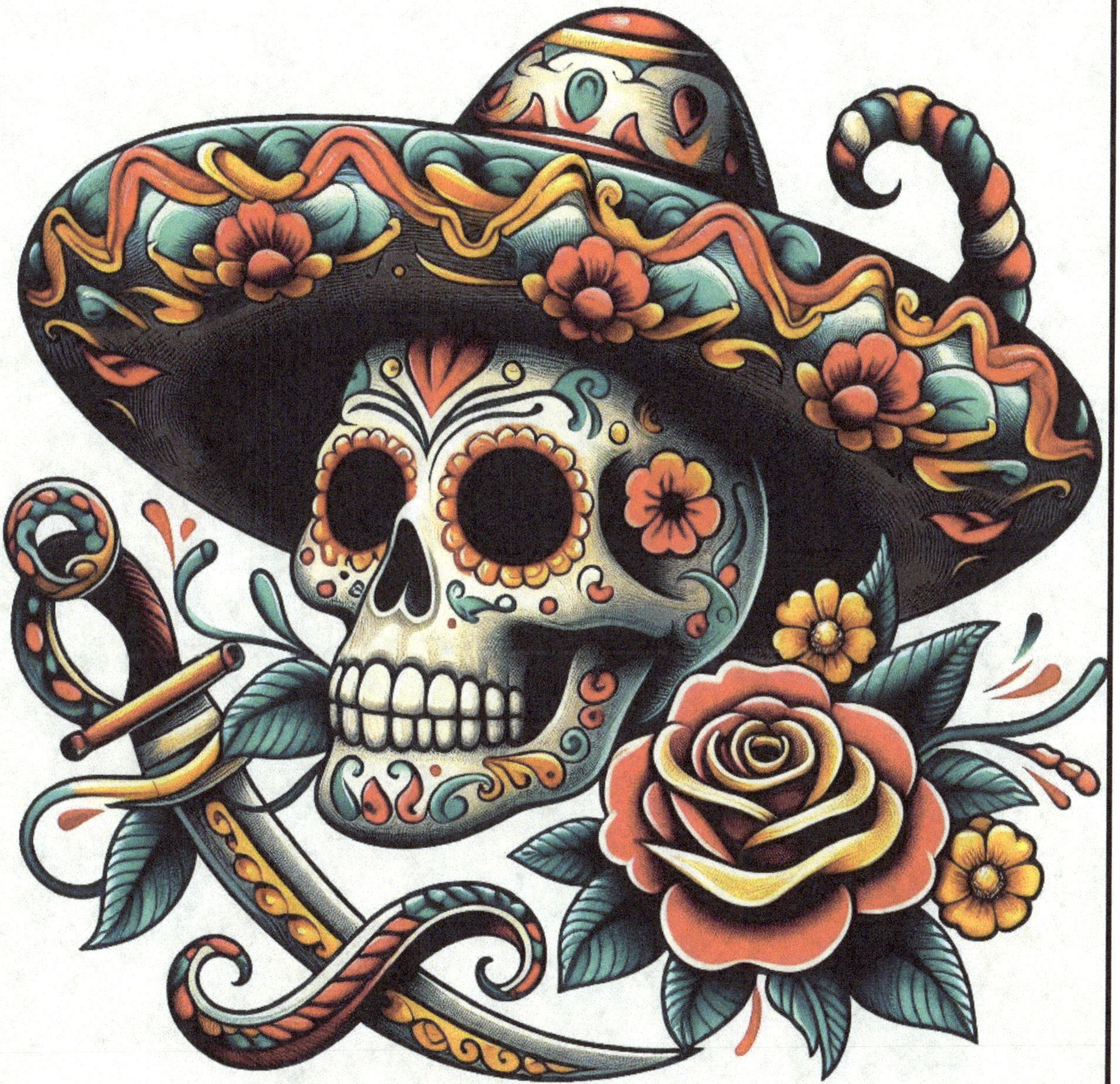

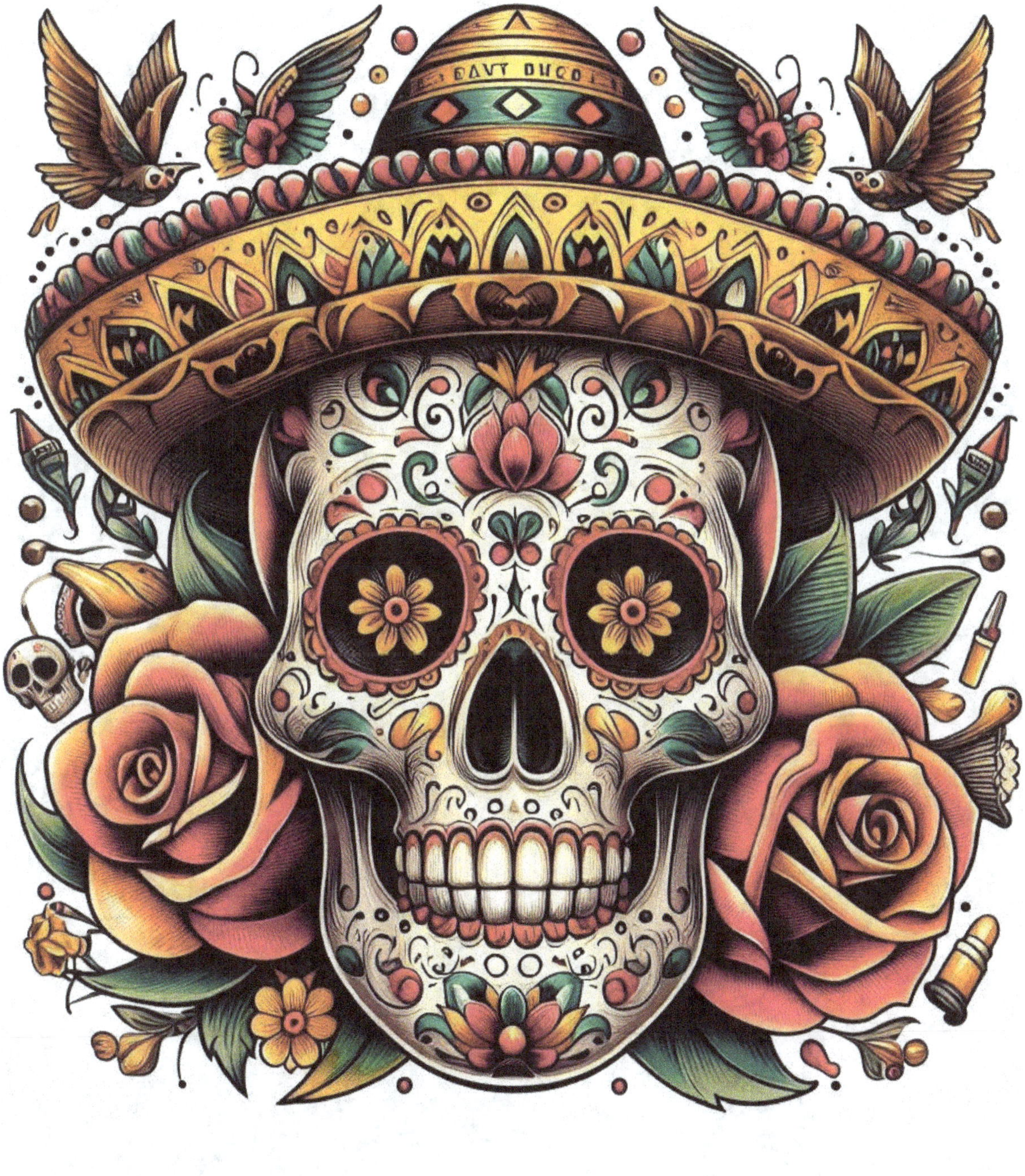

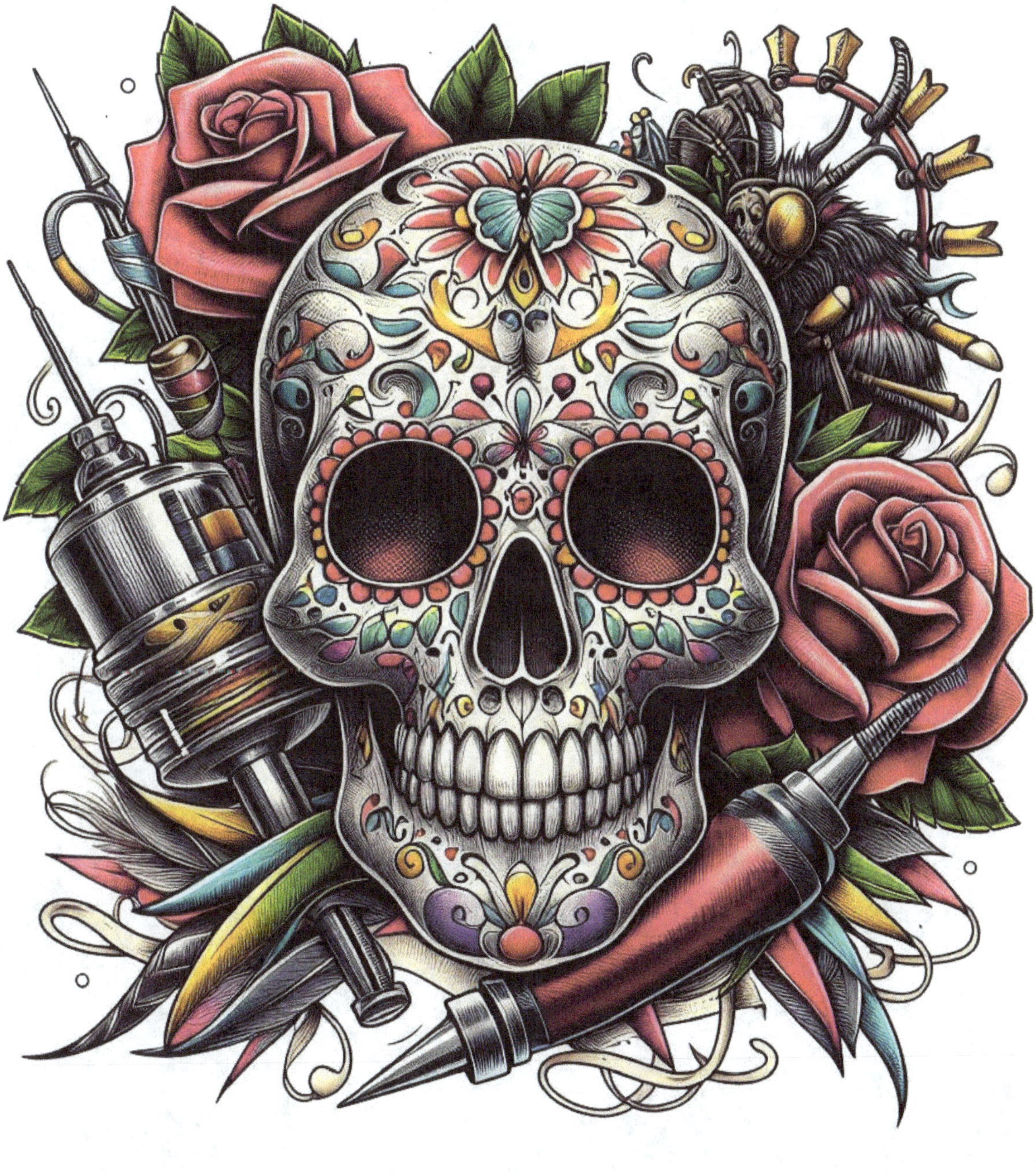

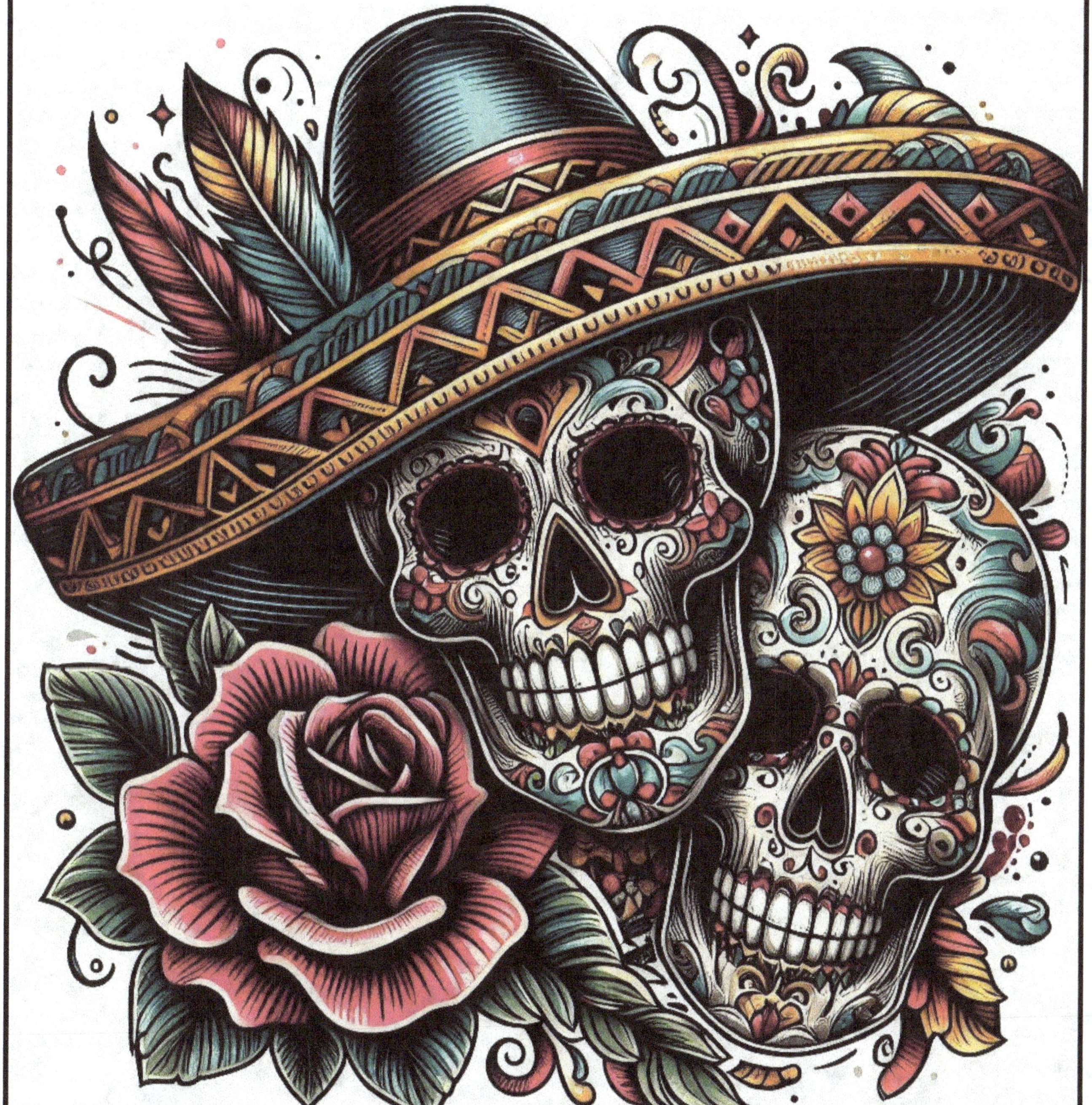

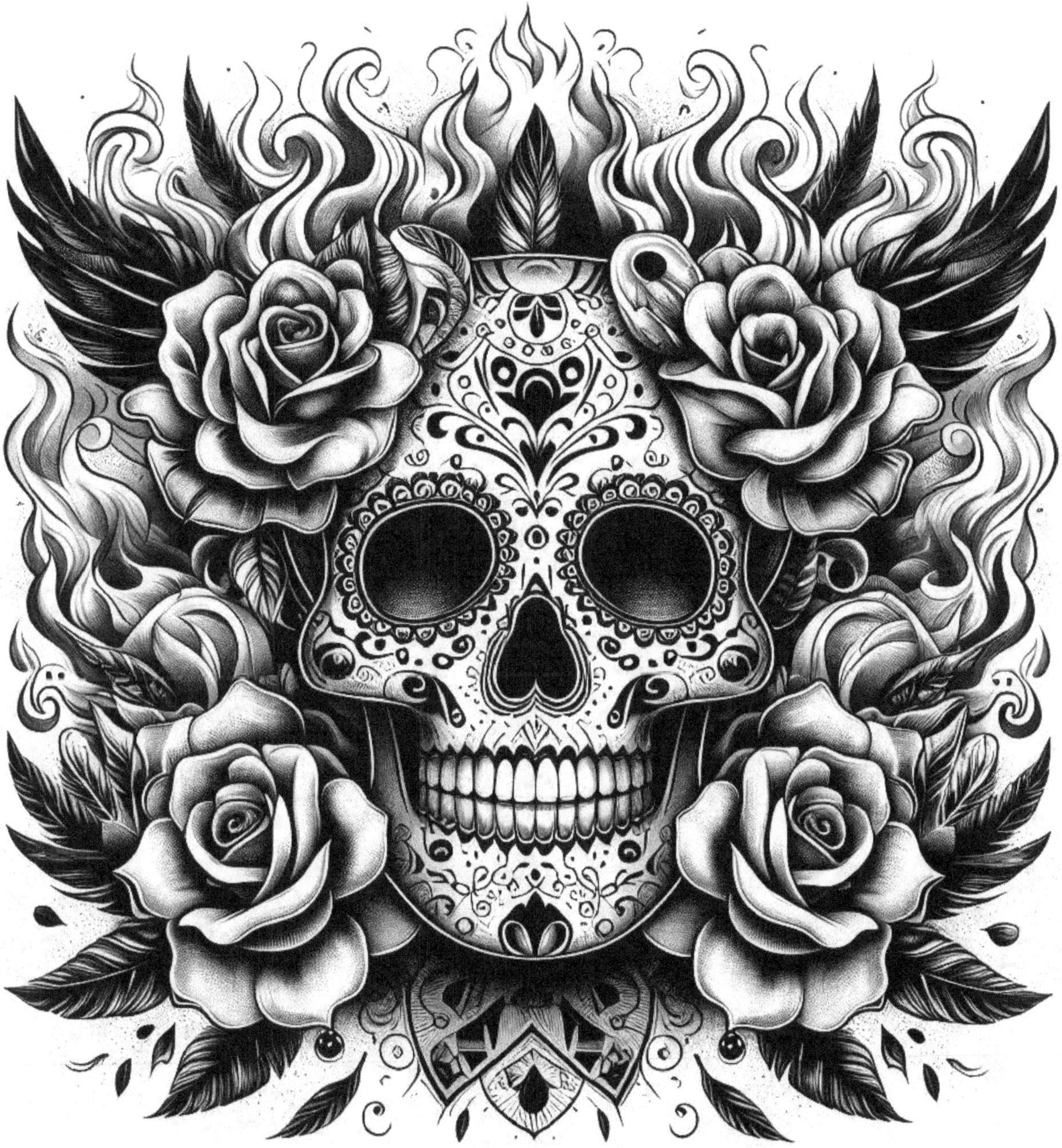

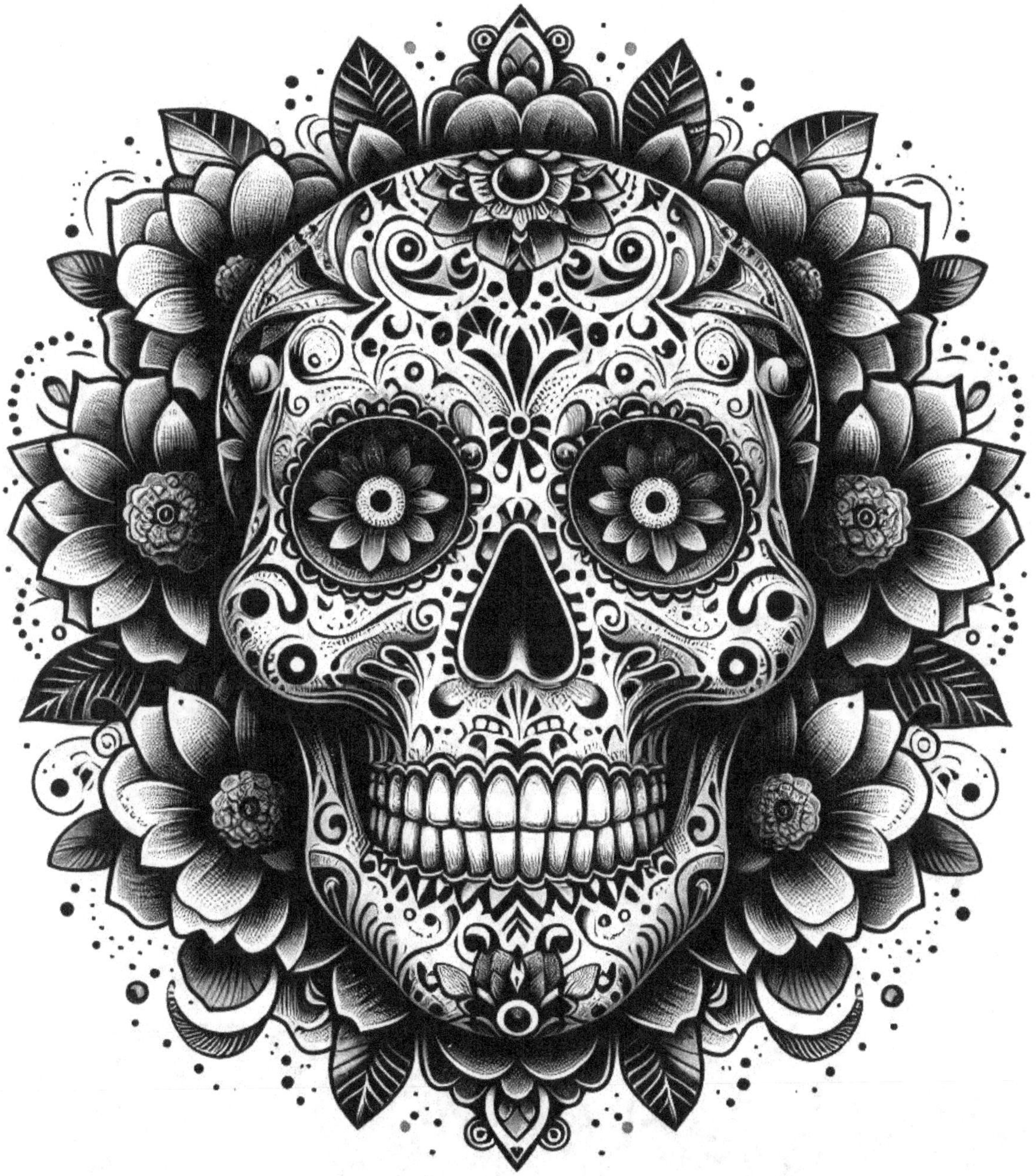

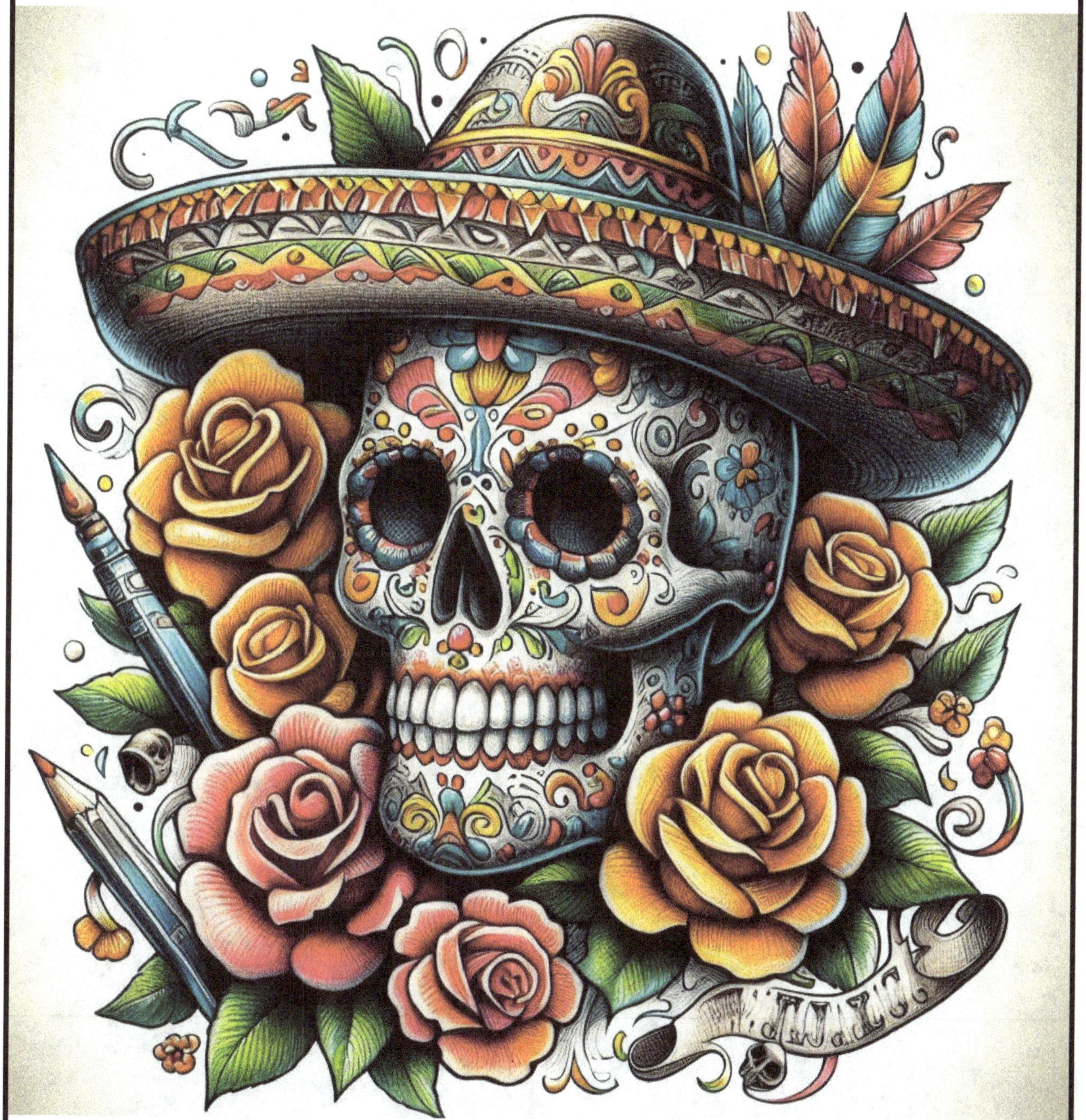

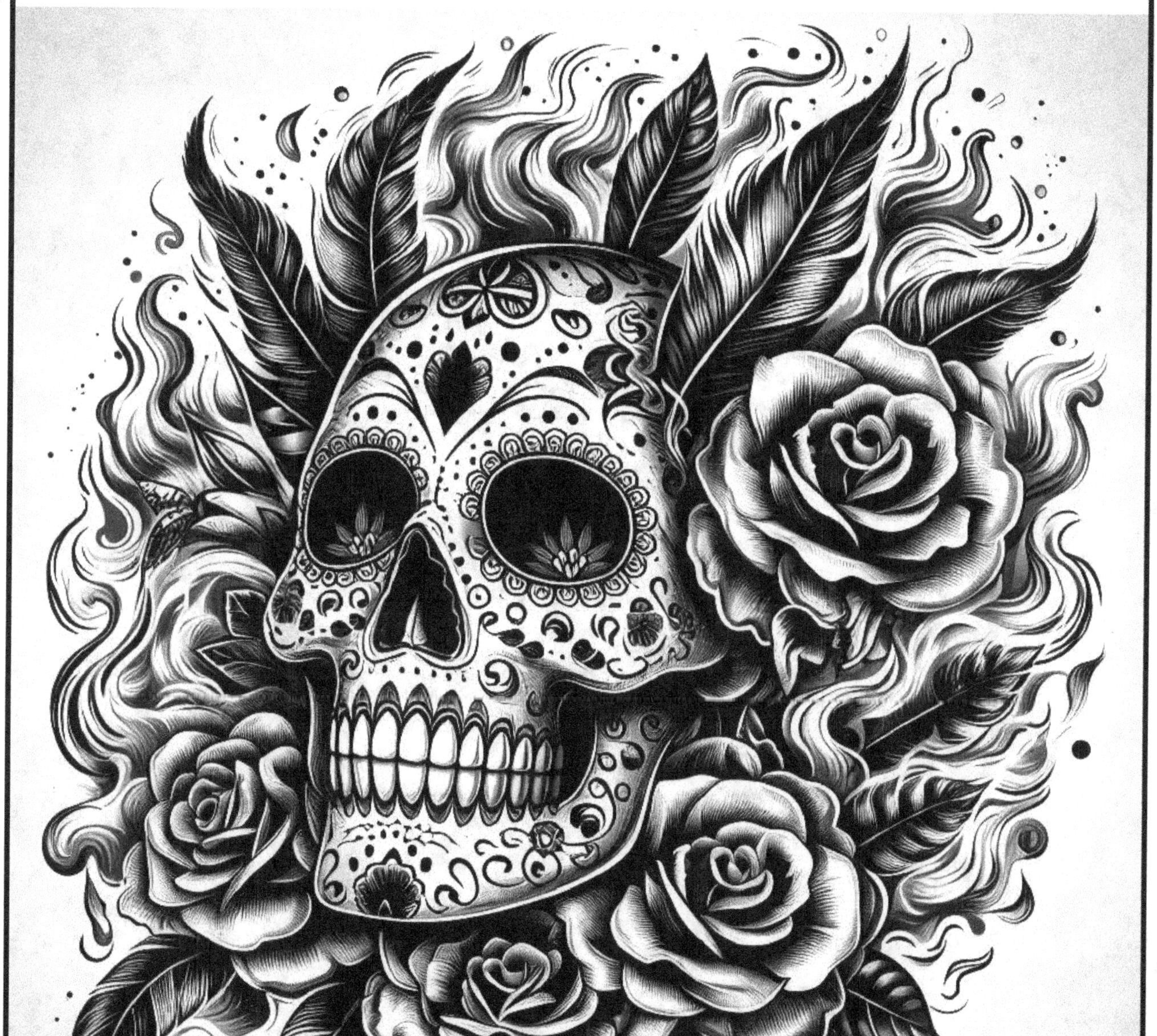

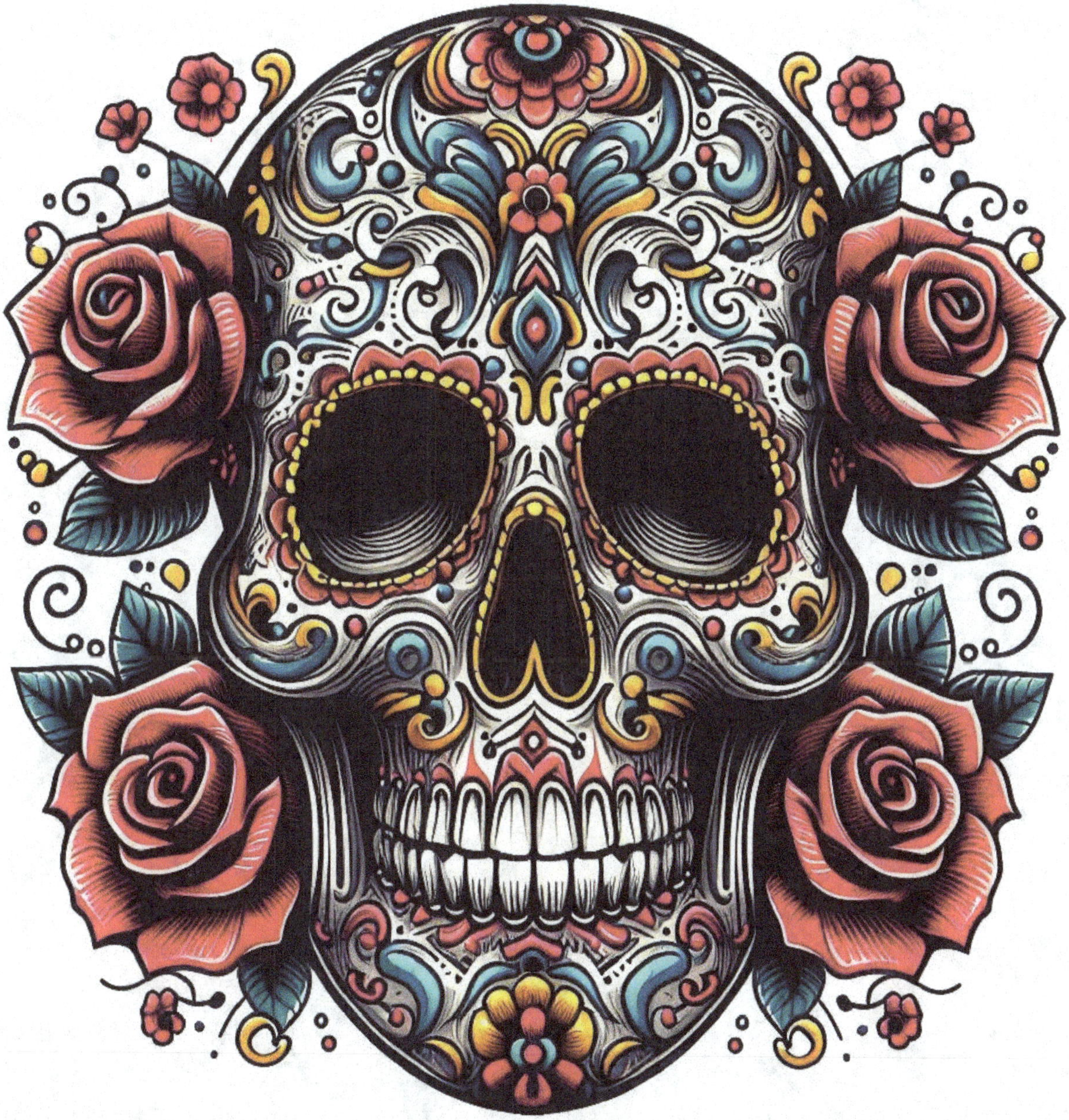

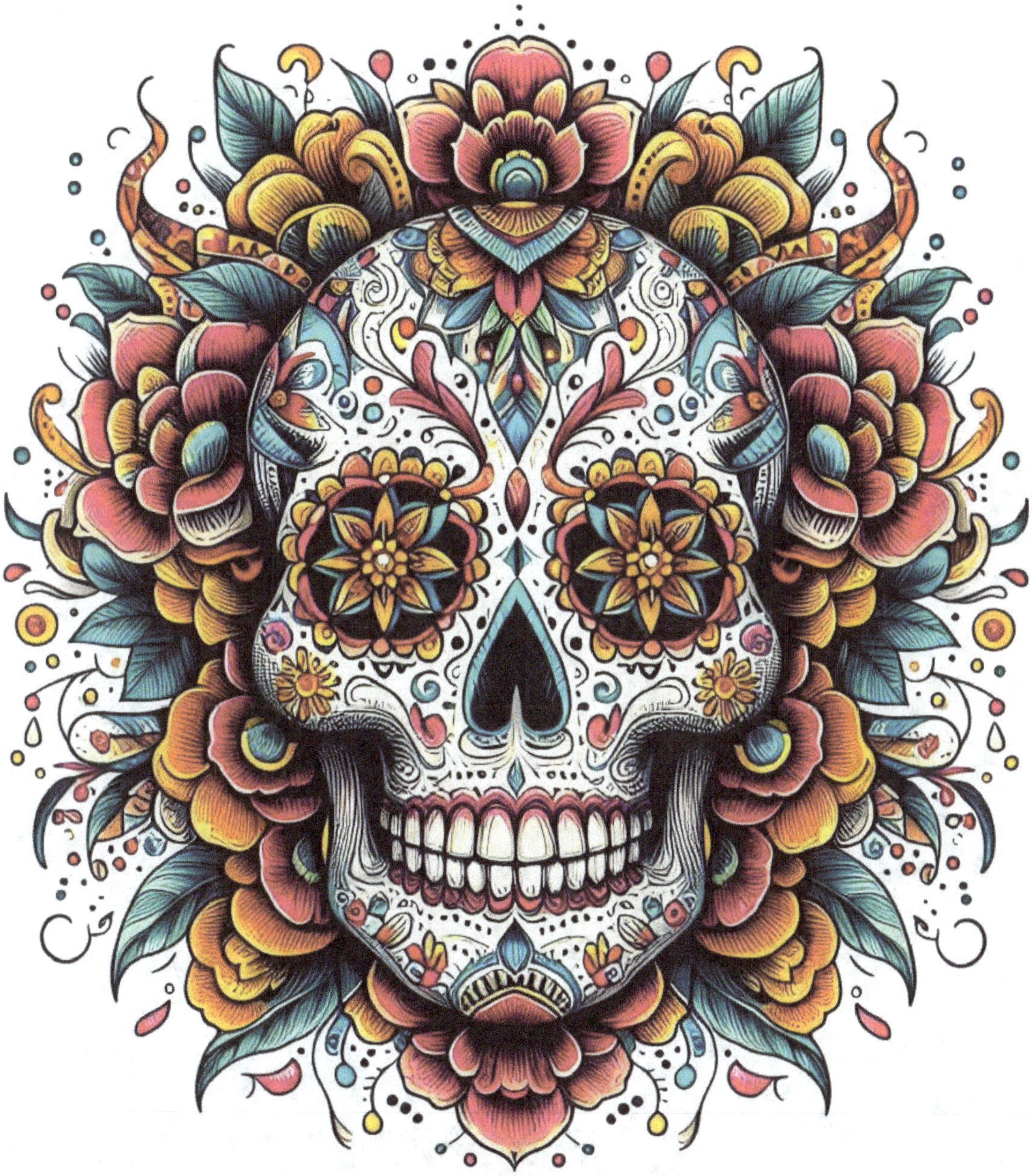

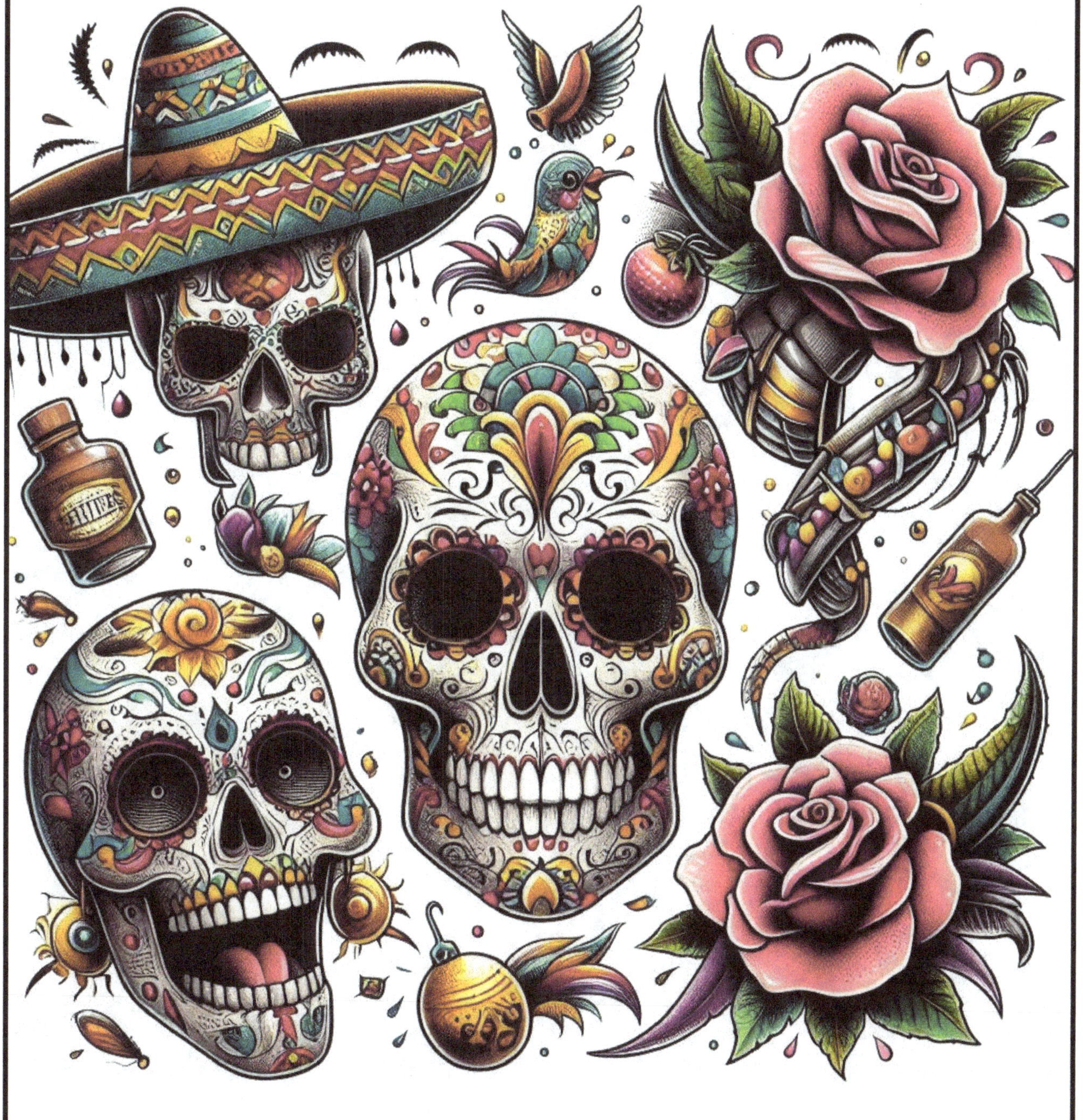

www.ingramcontent.com/pod-product-compliance
Lightning Source LLC
Chambersburg PA
CBHW082344220526
45470CB00008B/2632
* 9 7 9 8 3 2 4 7 5 5 5 8 4 *